三聯學術

敌基督者
对基督教的诅咒

［德］尼采 著

吴增定 李猛 译

吴增定 导读

生活·讀書·新知 三联书店

Copyright © 2017 by SDX Joint Publishing Company.
All Rights Reserved.
本作品版权由生活·读书·新知三联书店所有。
未经许可，不得翻印。

图书在版编目（CIP）数据

敌基督者：对基督教的诅咒／（德）尼采著；吴增定，李猛译；吴增定导读．—北京：生活·读书·新知三联书店，2017.9
ISBN 978-7-108-05954-3

Ⅰ．①敌…　Ⅱ．①尼…　②吴…　③李…　Ⅲ．①基督教 – 研究　Ⅳ．① B978

中国版本图书馆 CIP 数据核字（2017）第 129269 号

责任编辑	冯金红
装帧设计	蔡立国
责任校对	龚黔兰
责任印制	宋　家
出版发行	生活·讀書·新知 三联书店
	（北京市东城区美术馆东街 22 号 100010）
网　　址	www.sdxjpc.com
经　　销	新华书店
印　　刷	河北鹏润印刷有限公司
版　　次	2017 年 9 月北京第 1 版
	2017 年 9 月北京第 1 次印刷
开　　本	880 毫米 × 1092 毫米　1/32　印张 6.5
字　　数	128 千字
印　　数	0,001-8,000 册
定　　价	35.00 元

（印装查询：01064002715；邮购查询：01084010542）

目　录

敌基督者
——对基督教的诅咒　（德）尼采 著　吴增定 李猛 译

导　读　吴增定

引论：尼采与《敌基督者》　103

第一部分：第1至13节　114

第二部分：第14至23节　128

第三部分：第24至35节　140

第四部分：第36至49节　155

第五部分：第50至62节　180

建议阅读书目　201

译后记　202

敌基督者
对基督教的诅咒

〔德〕尼采 著
吴增定 李猛 译

前　言

　　这本书属于极少数人。他们可能早已不在人世。他们或许将是那些能够理解我的《查拉图斯特拉如是说》的人：我怎么可以把自己混同于那些今天已经找到知音的人？——唯有明天之后才属于我。有些人死后方才诞生。

　　理解我，并且因此必然理解我所必需的前提——我再清楚不过了。一个人必须在精神之事上保持诚实，直至坚忍不拔，才能忍受我的严峻、我的激情。一个人必须锻炼自己在高山生活——居高临下地俯视那些有关政治和民族自私自利的贫乏时评。一个人必须变得超然，必须从不追问真理是不是有用，是不是一种灾难……一种针对今天没有人有勇气正视的问题的强烈偏好；正视禁令的勇气；注定成为迷宫的命运；一个来自七种孤独的体验。倾听新音乐的新耳朵。适应最远处的新眼睛。一种为迄今仍保持缄默的真理而准备的新良知；以及追求具有伟大风格的节约意志：保存它的力量，保存它的强度……敬畏自己；爱自己；对自己的无条件自由……

　　好了！只有这样的人才是我的读者，我真正的读者，我命中注定的读者：其余的有什么意义？——其余的不过是人。——必须通过力量，通过灵魂的高度，——通过蔑视，来超越人……

弗里德里希·尼采

1

——让我们直面自身。我们是许佩伯雷人（Hyperboreer）——我们非常清楚，我们的生活是多么遥远。"你既不能通过陆地，也不能通过水面找到通往许佩伯雷人的道路"：品达（Pindar）早已知晓了我们的处境。在极北，冰雪之外，死亡尽头——我们的生命、我们的幸福……我们发现了幸福，我们认识了道路，我们发现了离开数千年迷宫的出口。还有谁发现了出口？——是现代人吗？——"我既不知出口，也不知入口；我就是一切不知出入之径的总和"——现代人叹息说……我们曾经患上这种现代性的病症——患上懒散的和平，患上胆怯的妥协，患上现代之肯定和否定（Ja und Nein）的全部德性污点。这种心灵的宽容与大度（largeur），因为"理解"一切就"原谅"一切，对我们来说，就是西罗科热风（Schirokko）。宁愿生活在冰天雪地，也不愿生活在现代德性和其他南风之中！……我们已经足够勇敢；我们既不怜惜自己，也不怜惜他人；但长时间以来，我们不知道将我们的勇敢使用到什么地方（wohin）。我们变得阴郁，我们被说成是宿命论者……我们的命运——就是力量的充沛、紧张和积聚。我们渴望闪电和行动，我们最大程度地远离弱者的幸福，远离"逆来顺受"（Ergebung）……一阵风暴在我们头顶呼啸而过，我们的自然本性变得阴暗——因为我们无路可走。我们幸福的程式：一种肯定，一种否定，一条直线，一个目标……

2

什么是好？——一切提升人之中的权力感、权力意志、权力自身的东西。

什么是坏？——一切源于软弱的东西。

什么是幸福？——权力增长的感觉——克服阻力的感觉。

不是满足，而是更多的权力；不是泛泛的和平，而是战争；不是德性（Tugend），而是才能（Tüchtigkeit）（文艺复兴风格的德性，virtù，非道德性的德性）。

软弱者和失败者应该毁灭：这是我们首要的爱人原则。应该促成他们走向毁灭。

还有什么比任何一种恶都更为有害？——对一切失败者和软弱者的主动同情——基督教……

3

我在这里所提的问题,并不是按照物种进化顺序取代人的是什么(——人是一种终结——);而是应该培育、应该追求什么类型(Typus)的人,使之成为具有更高价值、更值得生活、更确知未来的人。

这种具有更高价值的类型过去经常出现:但总是作为一种幸运、作为一种例外,却从来不是作为有意追求的结果。事实上,恰恰是这种类型的人最令人畏惧,他几乎是迄今为止唯一令人畏惧的东西——出于这种畏惧而有意追求、培育、实现的,是相反的类型:家畜、畜群、作为病态动物的人——基督教……

4

人并非以今天所相信的那种方式展示了向更好、更强或更高的进化。"进步"(Fortschritt)仅仅是一个现代的观念,即是说,一个错误的观念。就其价值而言,今天的欧洲人同文艺复兴时期的欧洲人相差太远;进化绝对不是必然的上升、提高和强化。

在另一种意义上,在地球上许多不同的地方,以及来自不同的文化,仍然存在着持续成功的个案,通过这些个案,一种更高的类型真真切切地展示出来:与整个人类相比,这是一种超人(übermensch)。这一巨大成功的机遇过去一直有可能，将来或许仍然有可能。在特定环境下，甚至整个家族、部落和民族都展现了这样一种机运。

5

不应该粉饰和美化基督教：基督教发动了一场针对更高类型的人的殊死战争，基督教禁止这种类型的人的一切本能，基督教从这些本能中提取出恶，提取出恶本身——强者成为典型的受谴责者，成为"被抛弃的人"。基督教站在一切弱者、低贱者、失败者的一边，它把对强壮生命之自我保存本能的反抗变成一种理想；基督教甚至败坏了其自然本性具有最强有力精神的理性本身，因为它教人把精神性的最高价值看成是有罪的，看成是误入歧途，看成是诱惑。最令人痛心疾首的例子：帕斯卡的败坏，他认为自己的理性被原罪败坏，但实际上恰恰是被基督教败坏！——

6

一幅痛苦、可怕的景象浮现在我面前：我揭开了人之败坏的幕帘。在我的口中，败坏这个词至少排除了这样一种疑惑：它包含了某种对人的道德谴责。败坏的意思——我想再次强调一遍——是非道德化的（moralinfrei）：这种非道德化到了这种程度，以至于在迄今为止人们最有意识地追求"德性"和"神性"的地方，我却恰恰强烈地感受到了那种败坏。人们或许已经猜到，我在颓废（décadence）的意义上来理解败坏：我的看法是，人类现在用来概括最高愿望的一切价值都是颓废的价值。

倘若一个动物、一个物种、一个个体丧失其本能，倘若它们选择、偏爱那些对自己有害的东西，那么我就称其为败坏。一个关于"更高情感"和"人类理想"的历史——我有可能不得不讲述这个历史——几乎就是在说明，人为什么如此败坏。在我看来，生命本身就是追求力量增长、追求力量持存、追求力量积累、追求权力的本能：只要没有权力意志，那就只有衰亡。我的看法是，人类的一切最高价值都缺乏这种意志——衰亡的价值、虚无主义的价值以最神圣的名义占据统治地位。

7

基督教被称为同情（Mitleid）的宗教。——同情是提升生命感觉之能量的强有力倾向的对立面：同情产生抑郁的效果。倘若人们同情，那么他就丧失了力量。同情加剧并且成倍地加剧了对生命的损害，而这损害本身就已经使生命受苦。受苦本身通过同情而传染；在某些情况下，同情还有可能导致生命和生命能量的全盘损害，这种损害同作为原因的受苦之量之间存在着一种荒谬的关系（——拿撒勒人之死的例子）。这是第一个视角；但还有一个更重要的视角。假如根据同情习惯性地引起的反应之价值来衡量同情本身，那么同情危害生命的特征就显得更清楚了。同情在整体上抗拒作为优胜劣汰（*Selektion*）法则的进化法则。同情保存的是那些烂熟至衰亡的东西；同情是对生命的剥夺和谴责；同情确保形形色色的失败者苟延残喘，由此给生命本身带来一种阴郁和可疑的面相。人们竟胆敢把同情称为德性（——在任何一种高贵〔vornehmen〕的道德之中，同情都是懦弱——）；人们甚至走得更远，人们把同情变成唯一的德性，变成一切德性的基础和起源——当然，也必须牢牢地记住，导致这一结果的是一种虚无主义哲学的视角，它将对生命的否定铭刻在自己的盾牌上。叔本华在这一点上是正确的：同情否定了生命，并且使生命变得更值得被否定——同情是虚无主义的实践（*Praxis*）。再次声明：这种抑郁和传染的本能抗拒那种力求保存生命并且提高生命价值的本能：同情作为苦难的放大剂，就像一切苦难的保护者一样，是一种加剧颓废的主要工具——同情劝说人们走向虚无！……人们不说"虚无"：人们说"彼岸"，或者说"神"，或者说"真正的生命"，或者说涅槃（*Nirvana*）、救赎、幸福……只要人们理解了这里隐藏在崇高言辞背后的是何种倾向：敌视生命的倾向，那么，这种来自于宗教和道德之特殊禀赋（*Idiosynkrasie*）王国的无辜修辞，就立刻显得非常不无辜。叔本华敌视生命：因此对他来说，同情就是一种德性……众所周知，亚里士多德在同情中看出了一种病态和危险的状态，这种状态最好在当下通过净化予以克服：他把悲剧理解为这样一种净化。从生命的本能出发，人们必须实实在在地追求某种工具，以捅破那种在叔本华那里所体现出来的病态和危险的同情的累积（遗憾的是，这种同情的累积也体现在我们全部的文学和艺术颓废之中，从圣彼得堡到巴黎，从托尔斯泰到瓦格纳）：由此让它爆炸……在我们不健康的现代性中间，没有什么比基督教的同情更加不健康。这里就有医生，这里将是毫不留情，这里将举起手术刀——这都属于我们，这就是我们的爱人方式，正因为如此，我们，我们许佩伯雷人，才成为哲学家！——

8

必须指出，我们觉得谁是我们的敌人——神学家以及所有身体里流着神学血液的人——我们的全部哲学……人们必须从近处看清灾难，更准确地说，人们必须亲身体验这种灾难，甚至必须几乎因之而毁灭，才不会认为这是一个玩笑——（在我看来，我们尊敬的自然探究者和生理学家的自由精神［Freigeisterei］本身就是一个玩笑——他们缺乏对这些事物的激情，他们没有因它们而受苦——）。那种毒害的流传范围远远超出人们的设想：当人们今天以"唯心主义者"（Idealist）自居——当人们凭借某种更高的出身有权要求超越现实、眺望远方时，我却发现自负的神学家本能无所不在……同教士（Priester）完全一样，唯心主义者手中（——而且不仅是手中！）抓满了一切宏大的概念，他怀着一种对"知性"、"感觉"、"荣誉"、"舒适"、"科学"的友好的轻蔑感来玩弄这些概念，他居高临下地俯视这些概念，就好像它们是危险与诱惑的力量，而悬浮在它们之上的是纯粹自为的"精神"（Geist）——似乎迄今为止，谦卑、贞洁、贫穷，一言以蔽之，圣洁，给生命带来的伤害并不比任何一种恐惧和恶行更多……纯粹的精神是纯粹的谎言……只要教士，只要这种以否定、中伤和毒害生命为职业的人被当作一种更高类型的人，那么这一问题就不会有答案：什么是真理？假如有意识地拥护虚无和否定的人被当作"真理"的代言人，那么，真理就已经被头足倒置……

9

我对这种神学家的本能发动战争：我发现它的痕迹无处不在。谁的身体里流着神学血液，那么他从一开始就不正眼和不诚实地看待一切事物。由此形成的激情就叫信仰：一劳永逸地闭上眼睛，就是为了不再忍受无可救药的虚假面相。这种看待万物的错误透镜（Optik）变成了一种道德、一种德性、一种圣洁，良知无愧（gut Gewissen）同虚假的视觉结合在一起——人们提出这样的要求：当某种透镜因"神"、"拯救"和"永恒"之名而变得神圣不可侵犯之后，任何其他类型的透镜就毫无价值。我处处都能发掘出这种神学家的本能：在尘世（Erde）间的虚假形式之中，这是一种流传最广、真正的最阴暗（unterirdischst）的形式。凡是被神学家视为真实的东西，必然是虚假的：这几乎就是一个真理的标准。恰恰是神学家的最深层自我保存本能,禁止在任何一点上尊重实在(Realität),甚至禁止言说实在。神学家的影响是如此广泛,以至于价值判断头足倒置,"真""假"概念也必然被颠倒:一切损害生命的东西在这里都被叫作"真",一切提升、强化、肯定、证明生命,并且使生命凯旋的东西,都被叫作"假"……这也表明,当神学家借王公(或人民——)的"良知"伸手攫取权力时,我们毫不怀疑究竟发生了什么:终结的意志,虚无主义的意志在意欲权力(will zur Macht)……

10

当我说哲学被神学家血液所败坏时,德国人中间马上就有人明白我的意思。新教牧师是德国哲学的祖父,新教本身是德国哲学的原罪(peccatum originale)。新教的定义:基督教——以及理性——的半身偏瘫……人们只需要说出"图宾根学派"的字眼,就可以理解德国哲学到底是什么——一种阴险狡诈的神学……施瓦本学派是德国最优秀的撒谎者,他们无辜地撒谎(lügen unschuldig)……四分之三由牧师和学者后裔构成的德国知识界,在康德登场时所发出的一片欢呼声,究竟来自何方?——认为康德开启了一个更好转向的德国信念,在今天仍然得到呼应的德国信念,又是来自何方?德国学者的神学骄傲本能已经猜出,什么东西在此之后重新成为可能……一条通向古老理想的隐蔽道路开始敞开，多亏了一种阴险狡诈的怀疑论，"真实世界"的概念、作为世界之本质的道德概念（——这两个现存的最恶意的错误！），即便不可证明，也是再也不可反驳……理性、理性的权利无法伸展……实在变成了一种"假象"；一个彻头彻尾地虚构的世界，一个存在者（Seiende）的世界，变成了实在……康德的成功仅仅是一个神学家的成功：对原本就很不稳定的德国诚实来说，康德如同路德、如同莱布尼茨一样，就是一个急刹车——

11

还要说一句话来反对作为道德主义者（moralist）的康德。一种德性必须是我们的发明，必须是我们最人格性（personalichst）的自卫和需要：在任何其他意义上，德性都仅仅是一种危险。但凡不构成我们生命条件的一切，必然危害生命：一种德性，倘若如康德所愿，仅仅出自一种对"德性"概念的尊重情感，便是有害的。"德性"、"义务"、"善本身"、具有非人格性（Unpersönlichkeit）或普遍有效性特征的善——都是幻觉，在这幻觉中所体现的，是生命的衰落、苟延残喘，是柯尼斯堡的中国精神。最深层的自我保存和生长法则所要求的，恰恰是相反的东西：每个人都发明自己的德性、自己的绝对命令。倘若一个民族将自己的义务同一般义务概念混淆起来，那么，这个民族就会走向毁灭。没有任何东西比"非人格性"的义务、比那个抽象摩洛神的祭品，造成更深层和更内在的毁灭。——一个人怎么可能不觉得康德的绝对命令是致命的危险！……只有神学家的本能在捍卫绝对命令！——一种受生命本能驱使的行动，在快乐中证明自己是一种正当的行动：那种长了基督教独断论内脏的虚无主义者，却把快乐看成反驳……还有什么东西比没有内在必然性、没有一种深层的人格选择，没有快乐地工作、思考和感受，对一个人的毁灭来得更快？还有什么东西比"义务"的自动机器（Automat）对一个人的毁灭来得更快？义务恰恰是导致颓废的处方，甚至是导致白痴的处方……康德成了白痴。——他竟然是歌德的同时代人！这种蜘蛛的灾难被看成德国哲学家，——今天仍然如此……我很慎重地说出我对德国的思考……难道康德不是在法国大革命之中看出国家从无机形式向有机形式的过渡吗？难道他没有扪心自问：是否一个个别事件只能通过人性中的道德倾向来进行解释，这样就能够一劳永逸地证明"人类朝向善的趋势"？康德的回答是："这就是革命。"在一切事情上都谬误百出的本能，作为本能的反自然，作为哲学的德国式颓废——这就是康德！——

12

我姑且抛开一些怀疑论者，抛开哲学史上的体面类型；但是，其余者则对理智诚实的第一性要求一无所知。所有这些极端的狂热分子和畸形怪胎，他们的所作所为完全类似于小女人——他们已经把"秀美的情感"当作论证,把"高耸的胸膛"看成是一种神性的风箱,把信念看成是一种真理的标准。最后,康德以"德国式"的无辜,在"实践理性"概念的名下,努力把这种败坏的形式、这种理智良知的匮乏变成科学。他特意发明了一种理性来表明,在什么情况下可以不关心理性,就是说,在道德、在"你应该"的崇高要求发出声音的时候。只要考虑到,在几乎所有的民族之中,哲学家都不过是教士类型的进化,那么这种教士的遗产、这种自欺欺人的伪造也就不再令人吃惊。倘若一个人肩负改善、拯救或解放人类等诸如此类的神圣使命——倘若他心怀神性、充当彼岸绝对命令的代言人,那么,由于这样一种使命,他就置身一切仅仅符合理智的价值判断之外——甚至已经因为这一使命而变得神圣,甚至已经成为一种更高等级的类型!……科学同一个教士有什么相干!教士高高地凌驾在科学之上!——迄今为止,一直是教士在统治!——他规定了"真"与"不真"的概念。

13

我们并没有低估这一点:我们自身,我们这些自由精神,已经是"对一切价值的重估",已经是反对一切关于"真"与"不真"的古老概念的活生生战斗和胜利宣言。最有价值的洞见出现得最晚;但最有价值的洞见就是方法。几千年来,我们今天之科学精神的所有方法、所有前提,一直是最根深蒂固的自我鄙视；由于追求科学精神，一个人被逐出了"体面"人的交际圈——他被视为"神之敌"，被视为真理的藐视者，被视为"神经错乱者"。作为一个具有科学精神的人，他被划入贱民阶层……我们用人类的全部激情来反对我们自己——用真理应该是什么、真理应该为谁服务的概念来反对我们自己：迄今为止，任何"你应该"都是用来反对我们自己……我们的意图，我们的实践，我们冷静、谨慎和怀疑的方式——所有这些，对他们来说都毫无价值和极端可鄙。——最后，倘若允许的话，人们最好还是扪心自问：让人类长时间地处于蒙昧状态的东西，是否真的是一种审美的趣味：他们对真理的要求是一种诗情画意的效果，同样的道理，他们对认知者的要求是对他们的感觉产生强烈的印象。我们的谦虚冒犯了他们长久以来所形成的趣味……哦，他们猜得多准啊，这些神的火鸡（Truthähne Gottes）——

14

我们必须改变想法。我们在任何方面都变得越来越谦虚。我们不再从"精神"、从"神性"中推导出人；我们把人重新赶回到动物中间。对我们来说，人是最强大的动物，因为他是最狡猾的动物：人的精神性就是其结果之一。另一方面，我们也反对一种在这里一再聒噪不止的虚荣：似乎人就是动物进化过程中最伟大的隐秘意图。人绝对不是造物的王冠：除了人之外，每一种造物都处在一个相同的完善等级……在声明这一点的同时，我们还再次声明：相对而言，人是最失败的动物、最病态的动物，他最危险地偏离了自己的本能——尽管如此，他仍然是最有趣的动物！就动物而言，笛卡儿第一次以令人钦佩的勇气敢于提出动物是机器（machina）的思想：我们的全部生理学都在不辞劳苦地证明这一原理。而且与笛卡儿有所不同，我们合乎逻辑地没有把人排除在外：我们今天对人的一般理解，恰恰足以使我们把人也看成是机器。从前，人们将"自由意志"作为从一个更高秩序那儿获得的嫁妆赋予人；但是现在，在意志不再被理解为能力的意义上，我们要把意志从人那里去掉。"意志"这一陈词滥调仅仅用来表明一种结果，一种个体反应的方式，这种反应必然来自于一系列部分对立、部分和谐的刺激——意志不再"起作用"，不再"运动"……从前，人们在人的意识中、在精神中看到了人的更高出身、人的"圣洁"；为了使人完善，人们劝说他按照乌龟的方式蛰回到自己的感觉之中，弃绝尘世的往来，脱下终有一死的外壳：然后留下自己的精华，留下"纯粹精神"。我们对所有这些问题思考得很充分：对我们来说，意识、"纯粹精神"是有机体的一种相对不完善的症状，一种试验、尝试和失误，一种毫无必要地浪费太多神经力量的辛劳，——我们否认这样的看法：任何一件事情，只要是有意识地为之，就是完美的。"纯粹精神"是一种纯粹愚蠢：一旦我们扣除掉神经系统和感觉，扣除掉"终有一死的外壳"，我们就是计算错误——此外什么也不是！……

15

在基督教之中，无论道德还是宗教在任何一点上都没有触及现实（Wirklichkeit）。纯粹想象的原因（"神"、"灵魂"、"自我"、"精神"、"自由意志"——或者甚至是"不自由的意志"）；纯粹想象的结果（"罪"、"拯救"、"恩典"、"惩罚"、"罪的宽恕"）。一种纯粹想象之存在（"神"、"精神"、"灵魂"）之间的交往；一种想象的自然科学（人类中心主义式的自然科学；完全缺乏自然原因的概念）；一种想象的心理学（纯粹自我误解、对舒服与不舒服的一般感受的解释，譬如说，借助宗教道德之特殊禀赋的语言来解释神经系统交感［nervus sympathicus］的状态——"忏悔"、"良知折磨"、"魔鬼的诱惑"、"神的临近"）；一种想象的目的论（"神的国"、"末日审判"、"永恒的生命"）。……这个纯粹的虚构世界之所以大大地低于梦幻世界，是因为后者反映了现实，而前者则伪造、贬低并否定现实。恰恰是在"自然"概念作为"神"的对立概念被发明出来之后，"自然的"一词就意味着"受谴责的"，——那个整体的虚构世界植根于对自然之物（——现实！）的恨，它表达了一种对现实的深深的不舒服感……但这恰恰说明了一切。是谁单单有理由依靠谎言逃离现实？是遭受现实之苦的人。然而，遭受现实之苦恰恰意味着一种变得不幸的现实……不快感压倒快乐感就是那种虚构道德和宗教的原因：但这样一种压倒性的关系也为颓废提供了程式……

16

对基督教之神的概念的批判,必然会得出相同的结论。——一个仍然相信自己的民族,也就仍然拥有自己所独有的神。这个民族通过神来崇拜那些使自己茁壮成长的条件,崇拜自己的德性,——这个民族把自己的快乐本身、自己的权力感投射给一个存在者,向他表示感激。只有富有者,才愿意付出;一个骄傲的民族为了奉献,才需要一个神……按照这一前提,宗教就是一种感激的形式。人恰恰是为了感激自己:才需要一个神。——这样一个神必然既可能有用,也可能有害,必然既是敌人,又是朋友——不管是善还是恶,神都让人惊叹不已。在这里,以反自然的方式把一个神阉割成为纯粹善的神,完全不符合人们的愿望。正如善神一样,恶神也是必需的:人们恰恰不是将自己的独特存在,归功于宽容和对人的友好……一个对愤怒、仇恨、妒忌、嘲讽、诡计、暴力一无所知的神,有什么意义?一个对征服与毁灭的狂暴激情闻所未闻的神,有什么意义?人们不理解这样一个神:为什么要拥有他呢?诚然:假如一个民族走向毁灭;假如它觉得对未来的信仰、对自由的希望已经彻底丧失;假如它开始意识到屈从是第一需要,屈从者的德性是自我保存的条件,那么它的神就必然发生变化。现在,这个民族的神变成了胆小鬼、战战兢兢、卑躬屈膝,劝告"灵魂的和平",劝告不再仇恨,劝告宽恕,劝告"爱"敌如友。神不断地进行道德化,他爬进了私人德性的洞穴;他变成一切人的神,变成了私人,变成了世界公民(Kosmopolit)……从前,神展现一个民族,一个民族的力量,一个民族灵魂中一切扩张和权力欲;现在他只不过是善的神……事实上,诸神别无选择:他们要么是权力意志——因此他们是民族神——要么是权力的匮乏——随之,他们必然变成善的……

17

不管什么时候,只要权力意志以任何一种形式走向衰落,就会产生一种生理的退化、一种颓废。一旦砍掉他的男子汉德性和冲动,那么从现在起,颓废的"神性"就必然沦落为生理退化者之神、软弱者之神。他们不称自己是软弱者,他们自命为"善者"……无须任何暗示,人们便可以理解,一个善神与一个恶神的二元论虚构在哪一个历史时刻成为可能。被征服者出于本能将他们自己的神降格为"自在之善";出于同样的本能,他们也抹掉其征服者之神的优良品质;他们将征服者的神妖魔化,以此报复他们的主人。——善之神,就像魔鬼一样:二者都是颓废的畸形怪物。——人们怎么可能忍受基督教神学家的幼稚到这种地步,以至于赞成他们说:从"以色列的神"、民族神到基督教的神,到众善之总和的演变是一种进步?——但勒南恰恰就是这么认为。似乎勒南有权保持幼稚!相反的看法倒是一目了然。倘若生命得以上升的条件,倘若一切力量、勇敢、主宰和骄傲从神的概念中被清除，倘若神一步一步地堕落成为一个关于疲倦者之权杖、溺水者之救命稻草的象征，倘若他彻头彻尾地成为穷人之神、罪人之神、病人之神，倘若似乎只剩下"救世主"和"拯救者"的谓词，只剩下那些泛而又泛的神圣谓词——那么，谈论这样一种改变有什么意义？谈论这样一种对神圣者的简化有什么意义？——诚然："神的国"之疆域因此变得更大。从前，神仅仅拥有他的民族，拥有"受拣选"的民族。此后，同他的民族完全一样，神开始进入异国他乡，四处流浪，他从那时起不再停留于某个地方：直到最后，他四海为家，成为伟大的世界公民——直到他赢得了"很大数量的人"和半个尘世的承认。尽管如此，"很大数量的人"的神、诸神中间的民主派，并没有成为骄傲的异教之神：他仍然是犹太人，仍然是隐秘之神，仍然是全世界一切黑暗角落和区域、一切不健康寄居地之神！……他的王国自始至终是一个地下王国，一座医院，一个地下室王国，一个隔离王国……神本身是那么苍白，那么软弱，那么颓废……甚至苍白者中的最苍白者，我们亲爱的形而上学家先生，概念白化病患者（Begriff-Albinos），也能成为他的主人。很长时间以来，这些形而上学家一直在神周围吐丝，直到最后神被他们的吐丝催眠，自己也变成了蜘蛛，变成了形而上学家。从现在开始，神——以斯宾诺莎的方式（sub specie Spinozae）——从自己身上吐出了世界；从现在开始，神变得越发羸弱、苍白，成为"理想"，成为"纯粹精神"，成为"绝对"，成为"自在之物"……一个神的堕落：神成为"自在之物"……

18

基督教之神的概念——神作为病人、神作为蜘蛛、神作为精神——是尘世间所能达到的最败坏的神之概念；在神之类型的蜕化过程中，基督教的神或许代表了最低的水平。神蜕化为与生命的对立，而不是对生命的美化（Verklärung）和永恒肯定（Ja）！在神之中所表达的，是对生命、自然、生命意志的敌视。神作为程式，代表了一切对"此岸"的诽谤，一切"彼岸"的谎言！在神之中，虚无被神圣化，追求虚无的意志被说成是神圣的！……

19

北欧的强壮种族没有拒绝基督教的神，这的确没有给他们的宗教天赋——更不要说他们的趣味——带来丝毫荣誉。他们本应终结掉这种病态和垂朽的颓废怪胎。但他们应该受到诅咒，因为他们没有终结掉这个怪胎的生命：他们将一切病态、衰老和对立都吸收进自己的本能——从那以后，他们就再也没有创造过任何神。几乎两千多年来，没有出现过一位独一无二的新神！然而，这个可怜的基督教一神论之神却一如既往地具有存在的正当性，就好像他代表了人性之中一种创造诸神之力量、创造精神的至高（ultimatum）和至大（*maximum*）！这个来自空无、概念和对立的杂交式堕落产物，使一切颓废的本能、一切灵魂的懦弱和厌倦都得到了认可！——

20

在对基督教进行指控时，我希望自己没有不公正地对待另一种相近的宗教，后者的信徒数目甚至更大：我希望没有不公正地对待佛教。二者同属虚无主义的宗教——它们都是颓废的宗教，——但这二者却有非常显著的差别。基督教的批判者要深深感谢印度学学者的一点，就是现在可以对它们进行比较。——佛教比基督教要现实主义（realistisch）百倍——佛教继承的遗产是客观而冷静地提出问题，它是在持续一个世纪的哲学运动之后出现；当它出现时，"神"的概念已经被废黜。佛教是历史向我们显示过的唯一真正的实证主义（positivistisch）宗教，就其认识论（一种严格的现象主义［Phänomenalismus］）而言，佛教不再谈论"同罪进行斗争"，而是在完全承认现实的正当性的同时，谈论"同受苦进行斗争"。佛教——与基督教截然不同——摒弃了道德概念的自欺，——用我的话来说，它超越了善恶。——佛教所依据并且正视的两个生理学事实：首先是一种体现为能够精致地感觉痛苦的极端敏感性，然后是一种极度的精神化、一种对概念和逻辑程序持久性地关注的生活，这种生活把"非人格性"摆在优先地位，由此也损害了人格的本能（——至少我的少数几个读者、"客观"的读者，像我一样，凭经验就能知道这两种状态）。正是在这些生理学条件的基础上，形成了一种抑郁状态：佛陀以卫生学的方式（hygienisch）抵抗抑郁。为了抵抗抑郁，他使用的手段是自由自在的生活、漫游的生活；有节制并且精心挑选饮食；谨防一切酒类；同样谨防一切导致愤怒、引发冲动的情绪；没有牵挂（Sorge），既不牵挂自己，也不牵挂他人。佛陀所提出的观念，要么让人平静，要么使人神清气爽——他发明了与他人隔绝的手段。按他的理解，善和良善状态（Gütigsein）就是促进健康。既排斥祈祷，也排斥苦行（Asketismus）。没有绝对命令，也没有一般性的强迫，甚至不局限于寺庙团体生活（——一个人可以再次离开——）。所有这些命令、强迫和寺庙生活，都是强化那种极度敏感性的手段。正因为如此，佛陀才无须同异端进行斗争；他的教诲不过是反对复仇、厌恶和怨恨的情感（——"冤冤相报何时了"：这是整个佛教中最感人的劝诫……）。这当然非常正确：就饮食方面的主要意图来说，这些情绪恰恰是不健康的。他发现了一种精神性的厌倦，而这种厌倦表现为一种过度的客观性（也就是个人兴趣的衰弱、兴趣重心和唯我论的匮乏）；他将自己最精神性的兴趣严格地返回到人格之上，以此对抗那种精神性的厌倦。在佛陀的教诲中，唯我论成为义务："不可少的只有一件"，"你如何脱离苦海"规定并且界定了精神饮食的全部（——人们或许可以回忆一下那位同样对科学精神发动战争的雅典人，回忆一下苏格拉底，他甚至在问题的领域,同样把人格性的唯我论抬高为道德)。

21

佛教的前提是一种相当温和的氛围,一种体现在风俗之中的伟大的温和与自由精神,没有好战精神;而且,恰恰是那些高等甚至有教养的阶层成为这场运动的领导者。人们想要把愉悦、平静和寡欲作为最高的目标,并且人们在实现自己的目标。佛教不是让人仅仅向往完善的宗教:完善就是常态。——

在基督教之中,被征服者和被压迫者的本能走上前台:恰恰是那些最低下的阶层在基督教中寻求拯救。这里,罪的决疑术(Kasuistik)、自我批判、良知审判被训练成为日常事务,被训练成为反抗无聊的手段;这里,一位以"神"为名的掌权者所引起的情绪(通过祈祷)得到长久的维持;这里,最高的东西被视为可望而不可即,被视为馈赠,被视为"恩典"。这里,公共性同样付之阙如;隐匿场所和黑暗的空间带有基督教性质。这里,肉体遭到鄙视,卫生作为肉欲而遭拒斥;教会本身甚至反对清洁(——在驱逐摩尔人之后,基督教的第一条规定就是关闭所有的公共澡堂,单是科尔多瓦[Cordova]一地就关闭了270间澡堂)。从某种意义上讲,基督徒是对自己和他人的残酷,是对异端的仇恨,是迫害的意愿。阴郁和狂热的观念走上前台;最高渴望的状态、以最高名义所刻画的状态,就是疯癫(Epilepsoiden)。

饮食的选择标准是滋养病态现象,并且过分刺激神经。基督徒是尘世统治者的死敌,是"高贵者"的死敌——同时也是一场狡猾而隐秘的竞争(——把肉体留给他们,我们仅仅想要"灵魂"……)。基督徒是对精神的仇恨,是对精神之骄傲、勇气、自由和放纵的仇恨;基督徒是对感官、对感官快乐、对快乐本身的仇恨……

22

当基督教离弃自己最初的发源地、最低下阶层、古代世界的下界,当它开始在野蛮民族中间攫取权力时,它所针对的就不再是疲倦的人,而是那些内心野蛮和自我撕裂的人——是那些强壮却误入歧途的人。与佛教徒的情况不同,在基督教这里,对自己的不满、因自己而受苦,与其说是一种过分的敏感性和感受痛苦的能力,不如说是一种想要制造痛苦、想要释放由敌意的思想和行动所导致的内心紧张的强烈渴求。为了成为野蛮人的主人,基督教需要野蛮的概念和价值:这些包括头生子献祭(Erstlingsopfer)、圣餐饮血、对精神和文化的鄙视;各种形式的折磨,不管是肉体还是非肉体的形式;极其浮华的崇拜仪式。佛教是一种为成熟的人,为良善、温和以及已经变得极端精神化的种族而准备的宗教(——欧洲至今仍然没有成熟到配得上这种宗教——):它让这些种族返回到和平和愉悦,返回到精神性之中的饮食方式,返回到身体的某种坚韧状态。基督教想要成为食肉动物的主人；其手段就是使他们生病——软弱化就是基督教为驯化、"文明化"开出的良方。佛教是一种终结和厌倦文明的宗教，基督教还从来没有发现过文明——尽管在特定环境下，基督教甚至成为文明的基础。

23

再次申明，佛教要冷静、诚实、客观百倍。佛教不再需要通过对罪的解释，将其受苦、将其感受痛苦的能力变得体面——佛教所说即是其所思："我受苦。"相反，对野蛮人来说，受苦本身不是什么体面的事情：在他向自己承认他正在受苦这一点之前，他首先需要一个解释（他的本能很快就引导他否认受苦，引导他默默地忍受痛苦）。在这里，"魔鬼"一词就是一个恩惠：人们拥有一位强大而可怕的敌人——因为这样一位敌人而受苦，无须感到羞愧。

从根本上讲，基督教也有某些原本属于东方的精致性。基督教首先认识到，某种东西是否为真完全无关紧要，但只要它被相信为真，就具有最重要的意义。真理（Wahrheit）和认为某种东西为真的信仰（Glaube）：这是两个风马牛不相及的兴趣世界，几乎完全对立的世界——通向这两个世界的道路完全不同。知道这一点——在东方，几乎使人成为智者：这个道理，婆罗门（Brahman）能够理解，柏拉图能够理解，每一个秘传智慧（esoterische Weiseheit）的研习者都能够理解。譬如说，倘若一种幸福就在于相信（glauben）自己可以摆脱罪从而获得拯救，那么必要的前提就不是人有罪，而是他觉得自己有罪。但是，一旦信仰被普遍认为是第一性的需要，那么理性、认识和探究就变得名誉扫地：真理之路变成了禁止之路。——同其他任何一种实际出现过的个别幸福相比，强烈的希望都是一种更强大的生命刺激。必须依靠某种不与现实相抵牾的希望，受苦者才能坚持活下去——希望也不会因为某种实现而结束：这是一种对彼岸的希望。（正是由于这种拖延不幸的能力，希望才被希腊人看成是万恶之首，看成是真正阴险之极的恶：它留在恶之盒〔Faβ des übels〕中。）为了使爱成为可能，神必须变成人（Person）；为了使最低下的本能参与进来，神必须年轻。为了激起女人的热情，必须出现一位俊美的圣徒；为了激起男人的热情，必须出现一位玛利亚。所有这些都来自一个前提：在阿弗洛狄特和阿多尼斯（Adonis）崇拜已经被规定为崇拜之概念的地方，基督教想要取得统治地位。贞洁的要求强化了宗教本能的激越和内敛——这使崇拜仪式变得更温情脉脉、更狂热、更富有深情。——爱是一种让人最大程度地将事物看成非其所是的状态。幻觉的力量就如同甜蜜化和美化的力量一样，在这里达到了自己的巅峰。一个人在爱之中比在其他任何情况下都愿意忍受，他忍受一切。必须发明一种让人能够去爱的宗教：好让一个人超越生命中最糟糕的东西——他对这种东西视而不见。基督教的三种德性，信（Glaube）、望（Hoffnung）、爱（Liebe）：我称之为三种基督教的狡计。——佛教太成熟、太实证主义，以至于不想以这种方式变得狡猾。——

24

这里，我只是顺便提一下基督教的形成问题。解决该问题的第一个原则是：只有依据基督教的发源地，才能理解它——基督教不是一种对抗犹太人本能的运动，而是后者的必然后果，是它的恐怖逻辑所得出的结论。用拯救者的程式来说："救恩是从犹太人出来的。"——第二个原则是说：伽利利人的心理学类型仍然可以被认识，但这一类型只有以完全蜕化的形式（同时还伴随着异域特征的篡改和粉饰）才有可能为曾经需要它的东西服务，才能充当一个人类拯救者的类型。——

犹太人是世界历史中最了不起的民族，因为它在面临存在与不存在的问题时，怀着一种极端可怕的意识不惜一切代价地追求存在：这个代价就是对一切自然、一切自然性、一切实在性的彻底伪造，不管整个内心世界，还是外在世界都是如此。他们将自己同迄今为止一个民族能够、可以赖以为生的条件区别开来；他们从自身中创造出一种与自然条件相对立的概念——他们以不可救药的方式，依次将宗教、崇拜、道德、历史、心理学颠倒成为它们的自然价值的对立面。我们再次遇到了相同的现象，这一现象具有更大的比例，尽管它不过是复制品：与"神圣者的民族"相比，基督教会无权要求任何原创性。正因为如此，犹太人才是世界历史上最为祸害的民族：就其影响而言，犹太人对人性的伪造到了这种程度，以至于基督徒直到今天还自以为是地在反对犹太人，却浑然不知自己就是犹太人的最后结果。

我在《论道德的谱系》中第一次从心理学上引入了两个对立的概念：一个是高贵的道德，另一个是怨恨的道德；后者来自对前者的否定：但是，这完完全全是犹太教和基督教的道德。为了能够对一切属于生命上升运动的东西说不（Nein），为了能够对尘世间所展现的茁壮成长、权力、美和自我肯定说不，已经在这里变成天才的怨恨本能必须发明出一个不同的世界，从这个世界的角度看，那种对生命的肯定本身反倒成为恶、成为受谴责者。从心理学上来看，犹太民族是一个具有最坚强生命力的民族；当他们被放到不可能的条件中时，出于自我保存的最深层狡计，自愿地选择一切颓废本能的一方——不是因为他们被这一本能主宰，而是因为他们在其中窥见了一种得以对抗"俗世"（Welt）的权力。犹太人是一切颓废的对立面：他们不得不将颓废装扮到幻觉的地步，他们知道用一种无以复加的表演天才，把自己推到一切颓废运动的顶峰（——就像保罗的基督教那样——），以便从中创造出某种比肯定生命的一方更强大的东西。对于想要在犹太教和基督教中攫取权力的那一类人来说，对于一种教士类型的人来说，颓废不过是手段：这种类型的人唯一的生活兴趣就是使人类生病，就是在一种危害生命和诽谤世界的意义上颠倒"善"与"恶"、"真"与"假"的概念。

25

以色列的历史，作为将一切自然价值去自然化（Entnatüralichung）的历史，具有无可估量的价值：我姑且指出五个相关的事实。最初，首先在列王时代，以色列人同万物之间是一种正确的，也就是自然的关系。他们的耶和华所表达的是权力意识，是对自己的快乐，是对自己的希望：正是耶和华让人期望胜利与得救，正是耶和华让人相信自然会给予这个民族的必需之物——首先是雨。耶和华是以色列人的神，因此是正义之神：任何一个拥有权力并且对此拥有良知的民族，都持有这种逻辑。在节日崇拜中，一个民族自我肯定的这两个方面都得到体现：它感谢让自己蒸蒸日上的伟大命运，感谢四季轮回和一切畜牧农耕的幸福。——这一状态长久以来一直都是理想，即便在它后来以令人悲哀的方式——内部的无政府混乱，外部的亚述人入侵——遭到废弃之后仍然如此。但这个民族坚持将那个关于某个国王的幻相当作最高的希望，这个国王是一位优秀的战士和严厉的法官：首先，就是那位典型的先知（被称为当下时刻的批判者和讽刺者）以赛亚。——然而，所有的希望都落空了。这位旧神不再能做他以前能做的事情。人们本应该让他滚开。什么事情发生了？人们改变了神的概念，——人们将神的概念去自然化：这是为了留住他而不得不付出的代价。——"正义之神耶和华"——不再与以色列融为一体，不再是一个对民族自我感觉的表达：而仅仅是有条件的神……神的概念操纵在教士煽动家的手中；从现在起，他们把一切幸福都解释为赏赐，把一切不幸都解释为对不顺从神、对"罪"的惩罚：那种最富欺骗性的解释方式，利用所谓的"道德世界秩序"，一劳永逸地颠倒了"原因"和"结果"的自然概念。一旦人通过奖赏和惩罚将自然的因果关系逐出世界，那么他就需要一种反自然（widernatürlich）的因果关系：其他所有的反自然（Unnatur）便会接踵而至。一个提出要求的神，取代了一个援手相助、提出忠告，并且在根本上标志着一切勇气和自信之幸运灵感的神。道德不再是一个民族之生命和生长条件的表达，不再是它的最深层生命本能，而是变得抽象，变成生命的对立面——道德成为幻想的彻底恶化，成为投向万物的"恶毒目光"。什么是犹太教的道德，什么是基督教的道德？答案就是：偶然性被剥夺了无辜；不幸被"罪"的概念弄脏；愉悦状态被当成危险，当成"诱惑"；生理的不适被良知的蠕虫毒害……

26

神的概念被伪造；道德的概念被伪造——犹太人的教士特征并没有就此终止。以色列的全部历史毫无用处：随它去吧！——这些教士实现了伪造的奇迹，相当一部分《圣经》为我们提供了那种伪造的证据：他们对一切传统、一切历史实在进行无以复加的嘲讽，并且由此将自己民族的过去翻译成宗教，也就是说，将这个过去变成了这样一种愚蠢的拯救机制：对耶和华的罪将获得惩罚，对耶和华的顺从将获得奖赏。只要教会一千年来对历史的解释还没有钝化我们对历史学中的诚实性要求，那么，我们就更加痛苦地体会到这种最可耻的历史伪造行为。教会获得了哲学家的支持："道德世界秩序"的谎言贯穿了甚至整个近代哲学的发展。"道德世界秩序"意味着什么？意味着：有一个神的意志一劳永逸地存在，它规定人可以做什么、不可以做什么；一个民族、一个个人的价值，是根据他们顺从神的意志的多少来衡量；神的意志恰恰是按照顺从的程度进行统治，或进行惩罚与赏赐，这在一个民族、一个个人的命运之中获得了证明。——隐藏在这些可怜的谎言背后的实在（Realität）意味着：一种以牺牲一切生命之健全教养为代价的偏瘫类型的人，教士，滥用了神的名称：他把由教士规定事物之价值的社会状态称为"神的国"；他把借以实现并维持这种状态的手段称为"神的意志"；他怀着一种冷血的犬儒主义，依照是促进还是妨碍教士统治的尺度来度量民族、时代和个人。看看他们的动作吧：在犹太教士的手中，以色列历史的伟大时代变成了一个堕落时代，流放、漫长的不幸变成了对伟大时代的永恒惩罚——在这样一个伟大时代，教士还什么都不是……他们根据自己的需要，将以色列历史的强大的、非常自由的冒险形象，改造为胆小鬼和伪君子或"不信神的人"；他们将每一个伟大事件的心理学，都简化为"顺从神还是不顺从神"的愚蠢程式。——更进一步："神的意志"（也就是教士维持其权力的条件）必须获得承认——为了这一目的，必须有"启示"。通俗地说：一场重大的文献伪造就成为必要，一个"神圣的经文"（Heilig Schrift）也被发现，——它们身披教士的所有盛装，浸透着对漫长"罪业"的忏悔与悲恸，终于得以大白于天下。"神的意志"早已确定很长时间：全部不幸仅仅在于人疏离了"神圣的经文"……"神的意志"已经启示给了摩西……当时发生了什么？教士一丝不苟地卖弄学问，一劳永逸地规定他自己想要拥有什么，规定"神的意志是什么"，一直详细到应该交给他的大大小小的税款（——不要忘记了最鲜美的肉块：因为教士是一种贪吃牛排的家伙）……从现在开始，一切生命之事的安排，都要让教士处处不可或缺；在一切生命的自然事件中，在出生、婚姻、疾病、死亡，更不要说祭祀（圣餐）的时候，都会出现神圣的寄生虫，将这些自然事件去自然化——用教士的话说，将它们"神圣化"……因为，有一点必须要理解：一切自然风俗，一切自然制度（国家、司法秩序、婚姻、对病人和穷人的照顾），一切生命本能的要求，简言之，一切自身有价值的东西，都因为教士的寄生病（或"道德世界秩序"）变得毫无价值、背离价值：这些事物现在需要一种追加的认可——一种赋予价值的权力就变得很有必要，它将否定这些事物的自然本性，只有这样，它才能创造一种价值……教士将自然去价值化、去神圣化（entheiligen）：这是他为生存所付出的代价。——对神的不顺从，也就是对教士的不顺从，对"律法"的不顺从，现在被命名为"罪"；重新"同神和解"的手段，很适合地成为更彻底地服从教士的手段：只有教士能够"拯救"……从心理学上看,"罪"在一切教士式的社会组织中都不可或缺;"罪"是真正的权力之柄,教士以"罪"为生,他需要有人"犯罪"……最高的原则:"神宽恕忏悔者"——通俗地说:神宽恕服从教士的人。——

27

基督教,一种迄今为止仍然不可超越的敌视实在的形式,就诞生于这样一个造假的发源地;在这个地方,一切自然、一切自然价值、一切实在性,都受到统治阶级最深层本能的抗拒。这个"神圣的民族"只为万物保留了教士的价值、教士的言辞,并且以一种导致可怕影响的逻辑一贯性,把地球上所有其他拥有权力的东西,都作为"渎神"、作为"俗世"、作为"罪",同自己区别开来——这个民族为自己的本能创造了某种终极程式,而这一程式的逻辑一贯性到了自我毁灭的地步:作为基督教,这个民族甚至否定了实在性的最后形式,否定了"神圣的民族",否定了"受拣选的民族",甚至否定了犹太人的实在性本身。这个例子具有最重要的意义:那场以拿撒勒人耶稣为名的小规模反抗运动,再一次体现了犹太人的本能——换言之,这是一种教士的本能,它不再能够忍受作为实在性的教士,它发明了一种更抽象的存在形式,发明了一种比作为一个教会组织之前提的世界观更不实在的世界观。基督教否定了教会……

耶稣被理解或被误解为一场反抗运动的领头人,倘若那场反抗所针对的不是犹太教会——"教会"正是在我们今天的意义上来理解的——那么，我实在看不出，它所针对的究竟是什么。这是一场针对"善人与义人"、针对"以色列的圣徒"、针对社会等级的反抗——不是反抗其败坏，而是反抗等级、特权、秩序、程式；这是对"高等人"的不信仰，是对一切教士和神学家所是者说不（Nein）。但是，这个因此受到质疑、哪怕只是受到片刻质疑的等级制，却是犹太民族在"水"中得以苟延残喘的树桩——是他们艰难地赢得的最后的生存可能性，是他们特殊政治存在的最后残余：对这个等级制的攻击，就是对最深层民族本能的攻击，是对地球上有史以来最坚韧的民族生命意志的攻击。这位神圣的无政府主义者号召下层民众、被遗弃者、"罪人"、犹太教内部的贱民反抗统治秩序——他使用的是这样一种语言，倘若《福音书》值得信任，那么在今天，这种语言足以能够使他被流放到西伯利亚；如果说在一个荒谬的非政治共同体中还有可能存在政治犯的话，那么，他恰恰因为使用这种语言而成为一位政治犯。正是这一点把他送上了十字架：十字架上的铭文就是证明。他因自己的罪而死——不管鼓吹多少遍，都没有任何根据表明，他因其他人的罪而死。

28

一个完全不同的问题是：耶稣本人是否意识到这样一种对立——他是否不仅仅被人看成是这种对立。正是在这里，我遇到了拯救者的心理学（Psychologie des Erlösers）问题。——我承认，很少有什么书像《福音书》那样让我读得这么困难。这种困难不同于另一种困难，对后者的证明使德国精神的学术好奇心获得某种难忘的成功喜悦。很久以前，我同每一位年轻学者一样，凭借着一位优雅的语文学家所具备的机智和无聊精神，享受着大卫·斯特劳斯（David Friedrich Strauss）那无与伦比的著作带给我的快乐。当时我才二十岁；现在，我对这件事要严肃得多。"传统"的自相矛盾与我何干？怎么可能把使徒的传说称为"传统"！《使徒行传》是现存文献中最含糊不清的文献：倘若没有其他的原始材料出现，那么在我看来，用科学方法研究《使徒行传》的结果，从一开始就已经注定了——仅仅是学术消遣……

29

我关心的是拯救者的心理学类型。这个类型有可能被保存在福音书之中，尽管《福音书》本身一直是残缺不全或充满异域特征：这就好比阿西西的方剂各（Franziskus von Assis）的类型也被保留在他的传说之中，尽管这只是他的传说。重要的不是关于拯救者做了什么、说了什么以及究竟如何死亡的真理，而是这样的问题：拯救者的一般类型是否可以被展现出来，是否被"流传"下来？——我知道有一种尝试是想从福音书中解读出一种"灵魂"的历史，但在我看来，这种尝试只能被证明是一种令人厌恶的心理学草率之举。勒南先生，这位心理学中的小丑，为了解释耶稣的类型，引入了两个最不合适的概念：天才（Genie）概念和英雄（héros）概念。但是，倘若还有什么不符合福音的东西，那就一定非英雄概念莫属。这里，恰恰是一切抗争、一切自以为在战斗中的感觉（Sich-in-Kampf-fühlen）的对立面，变成了本能；这里，无力反抗变成了道德（"不要与恶人作对！"——福音书中最深刻的话语，某种意义上也是理解它的钥匙），变成了和平、温和、"不能为敌"中的幸福。什么叫"福音"（frohe Botschaft）？——真实的生命、永恒的生命被发现了——它不是被许诺，它就在当下，它就在你们之中：它是在爱之中的生命，是在没有减少、没有排除、没有距离的爱之中的生命。每个人都是神的孩子——耶稣绝没有只为自己提出这样的要求——，作为神的孩子，所有人都一律平等……居然把耶稣变成一个英雄！——而且，"天才"一词是一个什么样的误解啊！我们的全部概念，我们关于"精神"的文化概念，在耶稣所生活的世界中没有任何意义。用心理学家的严格性来说，一个完全不同的词语用在这个地方似乎更合适：这就是"白痴"一词。我们知道有一种病态的触觉刺激状态，在每一次触摸、每一次抓取一个坚固物体之前，触觉器官都会颤抖着缩回来。这样一种心理学的禀赋，应该被翻译成为它的最终逻辑——这种禀赋是对每一种实在的本能之恨，是向"不可理喻之物"、向"不可理解之物"的逃避，是对每一种程式、每一种时空概念，对一切确定物、习俗、制度和教会的反感，是将自己的家安居在一个与任何实在都不沾边的世界,安居在一个纯粹的"内心"世界、一个"真实"世界、一个"永恒"世界……"神的国就在你们心里"……

30

对实在的本能之恨:一种极端的受苦和受刺激能力的结果,它再也不愿意被触摸,因为它过于深刻地体会到每次被触摸的感受。

对一切厌恶、一切敌对、一切情感界限和距离的本能排斥:一种极端的受苦和受刺激能力的结果,它觉得任何抵抗、任何被迫抗拒的努力都是难以忍受的不快(也就是说,觉得这种抗拒有害,觉得被自我保存的本能所劝阻),它只有在不再需要抵抗、不再需要抵抗任何人(不管是恶人还是坏人)时,才能看到幸福(快乐)——爱是唯一、终极的生命可能性……

拯救学说的根据和源头就是这两种生理学的实在性。我把它们称为一种在完全病态基础上的快乐主义的升华。与之最具亲缘性的是作为异教拯救学说的伊壁鸠鲁主义,尽管后者混杂了大量希腊的生机力量和神经力量。伊壁鸠鲁(Epikur)是一个典型的颓废者:我是第一个这么看他的。——对痛苦、对哪怕是无限轻微痛苦的恐惧——这种恐惧只能在一种爱的宗教中才能结束……

31

我已经提前给出了问题的答案。其前提是：对我们来说，拯救者的类型仅仅以一种极端扭曲的状态被保存下来。这种扭曲本身有很多可能性：出于很多原因，这样一种类型不可能纯粹、完整、不需要补充。他必然留下一些痕迹：不仅是他作为一个陌生形象的行动环境，而且包括原始基督教团体的历史、命运。从这一命运之中，拯救者的类型被迫加上很多特征，而这些特征只能从战斗和宣传的目的来理解。无论如何，《福音书》将我们带进的那个古怪和病态世界——一个好像来自于某篇俄罗斯小说的世界，一个云集社会渣滓、神经错乱者和"孩子似的"白痴的世界——必然使这个类型变得更粗糙：尤其是第一批门徒，从一开始，他们就用自己的粗糙感觉，来翻译某种完全在象征和"不可理喻之物"中闪烁不定的存在，以期能够对此获得一定程度的理解，——对他们来说，拯救者的类型只有被改造为某种他们所熟悉的形式，才能获得实存……先知，弥赛亚，未来的审判者，道德说教者，行奇迹者，施洗者约翰——所有这些都提供了误解这一类型的机会……最后，我们没有低估所有伟大崇拜，也就是教派式崇拜的特性（*proprium*）：这种崇拜消除了被崇拜者身上所有原始的、经常让人难受的陌生特征和个性——崇拜对此视而不见。遗憾的是，居然没有一位陀思妥耶夫斯基生活在这些最有趣的颓废者身边。我说的陀思妥耶夫斯基是这样一种人：他恰恰知道如何感受那种由崇高、病态和幼稚的混合所产生的震撼性刺激。最后一个视角是：作为一个颓废者的类型，拯救者的类型事实上很可能是一种独特的杂多和矛盾：不能完全排除这样一种可能性。尽管如此，所有的一切都是对这一视角的反驳：假如拯救者的类型包含杂多和矛盾是一个事实，那么有关这一事实的传统本身恰恰必须非常可信和客观。既然不是这样，那么我们就有理由做出相反的预设。与此同时，仍然有某种深刻的对立存在：拯救者一方面是高山、湖泊与草地上的布道者，让人感觉他似乎是一位生活在非印度土地上的佛陀，另一方面是富有攻击性的狂热分子，是神学家和教士的死敌，并被勒南恶意地美化成为"伟大的反讽大师"（le grand maître en ironie）。我甚至毫不怀疑：正是由于基督教宣传的狂热状态，大师的类型才被灌输进了大量的愤怒（甚至是精神[esprit]）：所有的宗派分子都把他们的大师变成对自己的辩护，他们的这种鲁莽也因此变得路人皆知。当早期基督徒团体需要一位审判、抱怨、发怒、恶意诡辩的神学家来反抗诸神学家时，他们便根据自己的需要创造了自己的"神"："重临"、"末日审判"、每一种形式的时间性期待和许诺，这些由他们借神之口毫不犹豫地说出的概念，尽管在今天变得不可或缺，却是多么地违反福音。——

32

再次声明，我反对将狂热分子纳入拯救者的类型：单凭勒南所使用的"傲慢"（impérieux）一词，就已经足以废除这个类型。"福音"（gute Botschaft）恰恰意味着不再有任何对立；天国（Himmelreich）属于"孩子们"；这里所表达的信仰并不是通过战斗获得的信仰——信仰就在当下，信仰一开始就存在，信仰似乎是一种退回到精神性之中的幼稚状态（Kindlichkeit）。青春期发育受到延缓并且没有得到有机发展的情况，作为一种退化的结果，至少为生理学家所熟悉。——这样一种信仰不愤怒，不指责，不自卫：它没有佩"剑"，——它完全没有预料到，有一天它可能会导致多大的分裂。这种信仰既不通过奇迹，也不通过奖赏和许诺，更不"通过经书"证明自己：在任何时刻，信仰本身都是自己的奇迹、自己的奖赏、自己的证明、自己的"神的国"。这种信仰同样无须将自己表述为程式——它生活着，它抗拒程式。当然，环境、语言和背景的偶然性也规定了一个确定的概念范围：原始基督教只能使用犹太人和闪族的概念（——圣餐时的饮食就是其中之一，不过这个概念与所有的犹太教概念一样也被教会糟糕地滥用了）。但请注意，这只是一种符号语言、一种符号学、一种比喻的契机。对这位反实在论者（Anti-Realist）来说，他能说话的前提，就是不在字面意思上使用任何词语。倘若在印度人中间，他可能使用"数论派"（Sankhyam）的概念；倘若在中国人中间，他可能使用老子的概念——他感觉不到这有什么区别。用稍微宽容的方式表述，人们可以称耶稣是一个"自由精神"（frei Geist）——他不关心任何确定的东西：词语被杀死了，一切确定的东西被杀死了。在耶稣那里,"生命"的概念、经验,如同只有他所知道的那样,同所有形式的词语、程式、法律、信仰和教义相抵牾。他只谈论内心世界:"生命"或"真理"或"光",都是他用来表达内心世界的话语——其他一切,整个实在、整个自然,甚至连语言,对他来说,仅仅具有一种符号、一种隐喻的值。——不管基督教(或者应该说教会)的偏见具有多么大的诱惑力,我们也不要在这一点上犯错:这样一位彻头彻尾的象征主义者(Symbolist)置身于一切宗教、一切崇拜概念、一切历史学、一切自然科学、一切世界经验、一切知识、一切政治学、一切心理学、一切书籍、一切艺术之外——他的"知识"恰恰是一种纯粹的愚蠢:他不知道有这类东西存在的事实。他对文化闻所未闻,他无须和文化进行斗争——他不否定文化……这也适用于国家,适用于整个公民秩序和公民社会,适用于劳动,适用于战争——他没有任何理由否定"俗世",他对教会的"俗世"概念一无所知……对他来说,否定恰恰是完全不可能的事情。——同样的道理,既没有辩证法(Dialektik),也没有这样的观念:一个信仰、一个"真理"能够用根据来证明(——他的证明是内心之"光",内心的快乐感和自我肯定,纯粹"力量的证明"——)。这样一种学说不可能自相矛盾:它根本不知道有、可能有其他学说存在,它甚至根本不能想象一个相反的判断……倘若遇到相反的判断,它出于内心的同情会为"失明"(Blindheit)感到难过——因为它看见了"光"——,但它不会进行反驳。

33

整个福音的心理学都缺乏罪与罚的概念;同样的道理,也没有奖赏的概念。"罪",神与人之间的一切距离关系,都被废除了——这就是"福音"。幸福(Seligkeit)不是被许诺,它也不受任何条件制约:幸福是独一无二的实在——其他的东西不过是表达幸福的符号。

这样一种状态的结果就是一种新的实践,真正的福音实践。基督徒的不同之处不在于一种"信仰":基督徒的行动,他通过一种另类(ander)的行动而与众不同。他既不通过言辞,也不在心中反抗对自己心怀恶意的人。他不区分外邦人与本地人,不区分犹太人和非犹太人("邻人"说到底是具有共同信仰的人,是犹太人)。他既不对任何人生气,也不对任何人加以鄙视。他既不出现在法庭上,也不卷入任何法律诉讼("不要宣誓")。不管在什么情况下,哪怕已经证明妻子对他不忠,他也不会跟她离婚。——所有这些,在根本上都是一种原则,都是一种本能的结果。——

拯救者的生命不外乎是这种实践——他的死亡也同样如此……他同神的交往不再需要任何程式、任何仪式——甚至不需要祈祷。他抛弃了犹太教的所有忏悔与和解学说;他知道,只有通过生命的实践,一个人才能感觉到自己是"神圣"、"幸福"、"符合福音",在任何时候都是一个"神的孩子"。通向神的道路不是"忏悔",不是"为祈求宽恕而祈祷":只有福音的实践才通向神,它恰恰就是"神"!福音所要废除的，正是犹太教的"罪"、"罪的宽恕"、"信仰"、"通过信仰获得拯救"的概念——犹太教的全部教会学说，都在"福音"中被否定了。

一个人必须怎样生活才会觉得自己"进入天堂"，才会觉得自己属于"永恒"，而他在其他行为中断然不会觉得自己"进入天堂"：只有这种深层的本能，才是"拯救"的心理学实在。——这是一种新的转变，不是一种新的信仰……

34

如果说我对这位伟大的象征主义者有什么理解，那就是：他仅仅把"内心"的实在当成实在，当成"真理"——他把其余的东西，把一切自然、时间、空间、历史之物都仅仅理解为象征，理解为隐喻的契机。"人子"（Mensch Sohn）概念不是指一个历史中的具体人格（Person），不是指哪一个个别和独一无二的东西，而是代表一个"永恒"的事实，一个摆脱了时间概念的心理学象征。这一看法再一次，并且是在最高的意义上，适用于这位典型象征主义者的"神"，适用于"神的国"，适用于"天国"，适用于"神的孩子"。没有什么比教会的生拉硬扯——作为人格的神、即将来临的"神的国"、彼岸的"天国"、作为三位一体的第二个人格的"神的儿子"——更背离基督教。对福音来说，所有这些都是——请原谅我的措辞——将拳头放到眼睛里——哦！这是一只什么样的眼睛啊！这是一种对象征进行嘲讽的世界历史的犬儒主义……但是,"父亲"和"儿子"所象征的东西一目了然:"儿子"一词表达的是进入某种将万物全面美化的感觉(幸福),"父亲"一词表达的是这种感觉本身,表达的是永恒和完美的感觉——当然我承认,这一点不是对所有人都一目了然。——我羞于想到,教会将这种象征主义变成了什么东西:难道教会不是把安菲特律翁的故事(Amphitryon-Geschichte)放在基督教"信仰"的门槛上吗?难道在顶上不是还有"童贞受孕"(unbeflekte Empfangnis)的教义吗?……但教会也因此玷污了受孕本身。——

"天国"是一种心的状态——不是某种"超越俗世"或"死后"到来的东西。福音之中完全缺乏自然死亡的概念:死亡不是桥梁,不是过渡,根本没有死亡,因为死亡属于一个完全不同的、纯粹虚假的、仅仅作为象征才有用处的世界。"死亡的时刻"不是一个基督教的概念——对"福音"的教导者来说,"时刻"、"时间"、身体性的生命及其大限完全不存在……"神的国"不是人们期待的东西;它没有昨天、没有明天,它不会在"千禧年"(tausend Jahren)到来——它是一种心的体验;它无处不在,它无处存在……

35

就像他活着那样,就像他所教导的那样,"福音的使者"(froh Botschafter)死了——他的死,不是为了"拯救人",而是为了表明人怎样去生活。他留给人类的,正是这种实践：他在法官、在追随者、在告发者、在各种形式的中伤和嘲讽面前的行为态度——他在十字架上的行为态度。他不抵抗，他不捍卫自己的权利，他不做任何努力以防止极端恶行，更有甚者，他挑起事端……他乞求，他忍受，他爱，不仅和恶意待他的人一道，而且在他们中间。他在十字架上对两个强盗所说的话，就是福音的全部。"这真的是一个神圣的人，一个神的孩子"——强盗说。"只要你感觉到了这一点"——拯救者回答说——"你就进入天堂，你就是一个神的孩子。"不要抵抗，不要生气，不要责备……但也不要反抗恶人——要爱他……

36

只有我们，只有我们这些已经变得自由的精神，才有条件去理解那些被19世纪所误解的东西——已经变成本能和激情的诚实，它对"神圣的谎言"所发动的战争更甚于任何其他的谎言……人们与我们这种充满激情与谨慎的中立态度相距太远，与精神的纪律相距太远，而只有精神的纪律才能揭示出那么陌生、那么敏感的东西：人们怀着毫不羞耻的自私自利，在任何时候都想要从中得到对自己有利的东西，人们在与福音的对立中建立了教会。

谁若是想要表明有一位反讽之神在幕后操纵着重大的世界游戏，那么他一定可以在名为基督教的巨大问号中找到论据。人类所顶礼膜拜的恰恰是与福音的源头、意义和正当性相反的东西，人类通过"教会"概念所奉为神圣的恰恰是"福音使者"弃于脚下、抛在身后的东西——不可能找到一种形式上比这更伟大的世界历史的反讽——

37

——我们这个时代为其历史感（historische Sinn）而自豪；那么，这个时代何以能够自欺欺人地相信这样一种胡说八道（Unsinn）：基督教开始于这个关于行奇迹者和拯救者的拙劣寓言——所有精神和象征之物都只是这个寓言的后续发展？恰恰相反：基督教的历史——甚至从十字架上的死亡开始——就是越来越拙劣地对一个原始象征主义进行误解的历史。基督教不断地传播到更广泛和更下层的大众，而大众对基督教的预设总是逐渐偏离它在诞生时的预设；随着基督教的每一次传播，它就越来越有必要变得庸俗化和野蛮化——它吸收了罗马帝国的所有阴间崇拜学说和仪式，吸收了形形色色的病态理性所炮制的胡说八道。基督教的命运就体现为这样一种必然性：它的信仰本身必然是那么病态、那么低贱和鄙俗，正如这种信仰所要满足的需要一样。病态的野蛮本身终于通过教会攫取了权力——教会是一切诚实、一切灵魂的高度、一切精神纪律、一切坦荡和良善人性的死敌形式。——基督教的价值——高贵的价值：只有我们，我们这些已经变得自由的精神，才能重建这个有史以来最大的价值对立！——

38

——在这个地方,我禁不住一声叹息。总有一些日子,我被一种感觉侵袭,这是一种比最黑暗的忧郁还要黑暗的感觉——对人的鄙视。我鄙视什么,我鄙视谁?我毫不怀疑:就是今天的人,我不幸跟他们生活在同一时代。今天的人——他们肮脏的呼吸让我窒息……跟所有的认识者一样,我对过去时代总是充满了宽容,或宽宏大量的自制:我怀着一种阴郁的谨慎穿越整整千年的疯人院世界,它现在叫作"基督教"、"基督教信仰"、"基督教会"——我提醒自己不要让人类为其病态精神负责。但是,一旦走进现时代,走进我们的时代,我的感觉就骤然突变,不可遏止。我们的时代有更好的认识……曾经纯粹是病态的东西,现在成了不体面(unanstandig)——今天,成为一个基督徒是不体面的。我的恶心就是从这里开始。——我环顾四周:从前叫作"真理"的东西,现在已经找不到词语来表达;我再也不堪忍受一个教士提起"真理"一词,哪怕只有一次。今天,一个人只要还追求最低限度的诚实,那就必然会认识到:一个神学家、一个教士、一个教皇所说的任何一句话,都不只是犯错,而且是说谎——必然会认识到,他们再也不能随心所欲地出于"无辜"、出于"无知"而说谎。跟任何人一样,教士也清楚地知道,再也没有什么"神",没有"罪",没有"拯救者"——"自由意志"、"道德世界秩序"都是谎言:精神的严峻性和深层自我克制(Selbstüberwindung),再也不允许任何人对此一无所知……教会的所有概念都被看成是它们本来的样子，被看成是意在贬低自然与自然价值的有史以来最恶意的伪造；教士本身也被看成是他们本来的样子，被看成是最危险类型的寄生虫、真正危害生命的毒蜘蛛……我们知道，我们的良知今天也知道——，教士和教会的那种恐怖发明究竟有什么价值，它们要达到什么目的：它们促使人类实现了这样一种自我亵渎的状态，以至于哪怕看上一眼都会令人作呕——"彼岸"、"末日审判"、"灵魂不朽"、"灵魂"本身的概念：它们都是折磨的工具，它们都是能够让教士攫取统治、维持统治的残酷机制……每个人都知道这一点：但一切仍然一如既往。我们的政治家在行动上通常都是不受偏见约束的人，都是彻头彻尾的敌基督者，但却仍然自称为基督徒并且参加圣餐仪式。当他们这么做时，他们的最后一点体面感和自尊感究竟从何而来？……一位年轻的王子正处在统治的巅峰，他的豪华铺张恰好表达了他的民族的自私和自负——但是，他仍然毫无廉耻地自称为基督徒！……那么，这个基督教究竟是否定谁？"俗世"对它来说意味着什么？意味着：人们是战士，人们是法官，人们是爱国者；人们保护自己；人们捍卫自己的荣誉；人们想要自己的利益；人们感到骄傲……今天，一切当下的实践、一切本能、一切已经成为行动的价值评判都是敌基督的（antichristlich）：尽管如此，他们仍然毫不羞耻地称自己为基督徒，现代人是一个多么伪善的怪胎！

39

——我把话题扯回来,我想叙述基督教的真实历史。——"基督教"这个词就已经是一个误解——,说到底,只有一位基督徒存在过,而且他已经死在十字架上。"福音"死在十字架上。从这个时刻开始被称为"福音"的东西,已经成为他所经历过的一切的对立面:是一种"坏消息"(schlimme Botschaft),一种反福音(Dysangelium)。认为基督徒的标志是一种"信仰",尤其是通过基督获得拯救的信仰,这简直是一种荒谬绝伦的错误:只有基督徒的实践,只有一种像十字架上的死亡者那样所经历的生活,才是基督徒……即便在今天,这样一种生活仍然是可能的,对于特定的人来说甚至是必需的:真正的、原始的基督教在一切时代都是可能的……这不是一种信仰,而是一种行动,首先是不要做得太多的行动,是一种不同的存在……意识状态,任何一种信仰,譬如说一种信以为真(Für-wahr-halten)——每个心理学家都知道——同本能的价值相比,完全无足轻重,只有第五等的重要性:严格说来,所有关于精神性的因果关系的概念都纯属伪造。把成为基督徒(Christsein)、把基督性(Christlichkeit)简化为一种信以为真的态度,简化为一种单纯的意识现象——这,恰恰是对基督性的否定。事实上,根本不存在什么基督徒。"基督徒",两千年来所谓的"基督徒",纯属一种心理学意义的自我误解。更仔细地看,尽管基督徒拥有一切信仰,但支配他的却仅仅是本能——这是什么样的本能啊！——信仰在任何时代，譬如在路德那里，都不过是一个外套、一个借口、一个由本能在幕后操纵的帘幕——，一种对某些特定本能占统治地位这一事实的选择性失明……"信仰"——我已经把它称为一种真正基督教式的狡计，——人们总是谈论信仰，人们总是仅仅出于本能而行动……在基督徒的观念世界中，没有任何东西触及现实：相反，我们在对一切针对现实的本能仇恨中所看到的，恰恰是植根于基督教深处的冲动因素、唯一的冲动因素。由此可以得出什么结论？就是：即使在心理学意义上，这里的错误也是根本性的，或者说具有本质决定性，或者说是实体。倘若抽掉一个概念，并以一个独一无二的实在取而代之——整个基督教就会堕入虚无！自上往下看，一切事实中最奇怪的事实就是：一神宗教不仅受错误决定，而且只有通过有害的、只有通过毒害生命和心灵的错误才富于创造性并成为天才；正是这样一种宗教成为一出献给诸神的表演，——这个表演也是献给那些同时是哲学家的神灵，以及譬如说我在关于纳克索斯（Naxos）的著名对话中所遇到的神灵。在他们（——以及我们！）摆脱恶心感觉的时刻，他们必将感谢基督徒的表演：仅仅由于这一件奇特事例的缘故，这个名曰地球的可怜渺小星球或许有资格分享神圣的一瞥，分享片刻神圣的关注……因此，我们并不低估基督徒：基督徒虚假到了无辜的地步，远远超过类人猿——就基督徒而言，一种广为人知的进化论变成了一种纯粹的客套话……

40

——福音的灾难被死亡决定——福音取决于"十字架"……恰恰是死亡、这种羞辱不堪的意外死亡,恰恰是通常仅仅为流氓所保留的十字架——恰恰是这个最令人惊骇的悖谬(Paradox),使门徒面临真正的不解之谜:"这是谁?这是什么?"——他们感到震惊并且深受侮辱,他们怀疑这样一种死亡可能是对他的事业(Sache)的反驳,他们心中有一个可怕的问号:"为什么正好是这样?"——这种状态很容易理解。这里的一切都必须有其必然,必须拥有某种意义、原因、终极原因;一位门徒的爱看不到任何偶然性。恰恰是现在,突然出现了裂缝:"谁杀死了他?谁是他当然的敌人?"——这个问题如一道闪电般地迸发出来。答案是:占统治地位的犹太教,它的上流阶层。从这一时刻起,人们开始觉得自己是在反抗现存秩序,然后人们把耶稣也理解为是在反抗现存秩序。在此之前,耶稣的形象中本来根本没有这种好战、这种说不、这种在行动上否定(Nein-tuend)的特征;不只如此,他还是这些特征的对立面。显然,这个小团体恰恰不理解事情的关键,不理解通过这种形式死亡的榜样意义,不理解自由,不理解对一切怨恨感的超越,——所有这一切都表明:他们是多么不理解耶稣!就其本人来说,耶稣不过是想以自己的死亡为他的学说公开地提供最强有力的考验,提供最强有力的证明……但是,他的门徒却不能宽恕这一死亡——而耶稣的死亡本来就是最高意义的福音;况且,他们也不能为自己提供一种在温和可爱的心灵平静状态中的死亡……恰恰是这种最违反福音的情感,恰恰是复仇,再一次出现了。耶稣的事业不可能以这一死亡宣告结束:需要"报复",需要"审判"。(——还有什么比"报复"、"惩罚"、"进行审判"更违反福音!)对一位弥赛亚的庸俗期待再一次走上前台;一个历史性的时刻出现在眼前:"神的国"即将到来,对它的敌人进行审判……但是,一切也都因此遭到误解:"神的国"变成了一种终极决定,变成了一种许诺!福音恰恰已经是这个"国"的当下存在(Dasein)、实现(Erfülltsein)和现实。这样一种死亡恰恰已经是这个"神的国"……现在,人们开始把对法利赛人和神学家的蔑视与愤恨灌输到大师的类型之中——人们由此把他改造成一位法利赛人和神学家!另一方面,这些完全神经错乱的灵魂的狂热崇拜,再也不能忍受耶稣的这一教导:每个人都有福音意义的平等权利成为神的孩子;他们的复仇就是以一种无节制的方式拔高耶稣,把他同他们自己区隔开来:这就好比从前,犹太人出于对敌人的复仇将神同他们自己分离开来,并且把他放到一个高高在上的位置。唯一的神和神唯一的儿子:二者都是怨恨的产物……

41

——从现在起,一个荒谬的问题出现了:"神怎么可能允许这件事发生!"对此,小团体的错乱理性找到了一个简直令人震惊的荒谬答案:神为了宽恕罪献出自己的儿子,作为牺牲(Opfer)。福音立刻就这么宣告结束!为罪牺牲(Schuldopfer),而且是最令人作呕、最野蛮形式的为罪牺牲:无罪者为有罪者的罪(Sünde)牺牲!这是一种多么令人恐怖的异教!——事实上,耶稣本人恰恰已经废除了"罪"(Schuld)的概念,——他否认神和人之间的鸿沟,他的生活就是神与人的这种统一,这是他的"福音"……而不是特权!——从现在起,拯救者的类型逐渐添加了:审判与重临学说,作为一种牺牲的死亡学说、复活学说。正是由于复活学说的变戏法,整个"幸福"概念、福音的全部和唯一实在性都被扔得一干二净——这恰恰捍卫了一种死后的存在状态!保罗通过那种在他身上处处突显出来的拉比式狂妄,将这种观念、将这种观念的下流特征变得合乎逻辑:"假如基督没有从死亡中复活,那么我们的信仰就纯属徒劳。"——顷刻之间,福音变成了一切不可实现的许诺中最卑鄙的许诺,变成了最不要脸的人格不朽学说……保罗甚至把它作为奖赏来教导……

42

可以看出,随着十字架上的死亡而终结的是什么:这是一种全新的、一种绝对原初的开端(Ansatz),它开创了一种佛教式的和平运动,一种事实的,而非仅仅被许诺的尘世幸福。因为——如我在前文所说——两种颓废型宗教之间的根本区别就在于这一点：佛教不许诺，而是兑现；基督教许诺一切，但从不兑现。——紧接着福音的，是最糟糕的东西：保罗的福音。在保罗身上具体表现出来的，恰恰是"福音使者"的对立类型，是体现为在恨、在恨的视野、恨的残酷逻辑之中的天才。这位反福音者把多少东西都变成了恨的牺牲品啊！首当其冲的是拯救者：保罗把拯救者钉死在自己的十字架上。一旦这位伪造者在恨的驱使下理解仅仅对他自己有用的东西，那么——整个福音的生命、榜样、教诲、死亡、意义和权利——所有这一切，都不复存在。没有实在，没有历史的真理！……这个犹太人的教士本能，再一次对历史犯下同样巨大的罪行——他直截了当地抹掉了基督教的昨天、前天，他自己发明了一个原始基督教的历史。更有甚者：保罗再一次伪造了以色列的历史，使它看起来好像是他的行为的史前史：所有的先知都言说过保罗的"拯救者"……后来，教会甚至把人类的历史都伪造成为基督教的史前史……拯救者的类型，他的教诲、实践、死亡、死亡的意义，甚至死亡的余波——没有任何东西未被动过手脚，没有任何东西保留着同现实的相似性。保罗直截了当地将那个整体存在的重心移到了它的背后——移到了耶稣"复活"的谎言之中。他很可能根本不需要拯救者的生活——他需要十字架上的死亡以及其他某些东西……站在一个心理学家的立场来看，当保罗将某种幻觉打扮成拯救者仍然活着的证明时，倘若还有人认为这样一位保罗（他的故乡是斯多亚启蒙的中心）是诚实可靠的，或者对保罗有过这种幻觉、对这个由他自编自导的故事深信不疑,那么这似乎是一种真正的愚蠢:保罗想要实现自己的目的,因此他也想要获得手段……他自己都不信的东西,那些被他的说教俘获的白痴却深信不疑。——他的需要就是权力;通过保罗,教士想要再一次追求权力——他所能利用的,仅仅是那些用来对大众实施僭政,对畜群进行驯化的概念、学说和象征。穆罕默德后来单单从基督教那里借用了什么东西?那就是:保罗的发明,他用来实施教士僭政、驯化畜群的手段:对不朽的信仰——也就是"审判"的学说……

43

假如生命的重心不在生命之中,而是被移到"彼岸"之中——移到虚无之中——,那么,人们也就剥夺了生命的重心。人格不朽的重大谎言摧毁了本能中的一切理性、一切自然——所有那些本能中有益、促进生命、确保将来的东西,现在都引起怀疑。这样去生活,使得生活变得不再有意义,而这一点现在恰恰成为生命的"意义"……为什么需要同甘共苦的感觉?为什么还要感谢出身和祖先?为什么要合作、信任,要促进和正视共同的福利?……有多少"诱惑",就有多少对"正确道路"的偏离……"不可少的只有一件"……每一个人作为"不朽的灵魂"都和他人处在相同的等级;在万物的整体之中,每一个个体的"拯救"都可以要求具有一种永恒的分量;渺小的伪君子和半疯半癫的神经失常者都可以这样幻想：由于他们的缘故，自然法则经常失效——每一种形式的自私自利都抬高到那样一种无限、无耻的地步，再多的鄙视都不足以形容。然而，基督教的胜利还要归功于它对个人虚荣的乞怜谄媚——通过这种方式，基督教恰恰说服了一切失败者、心怀不满者、发育不全者，说服了人类的全部弃物和垃圾。"灵魂的拯救"——通俗地讲，就是："世界围绕着我打转"……"所有人的平等权利"这一学说的毒害——基督教对此做出了最彻底的表述；基督教来自低劣本能的最阴暗角落，由此对人与人之间的一切敬畏感和距离感，即是说对一切文化之上升、成长的前提，发动了一场殊死的战争，——基督教将大众的怨恨铸造成它的主要武器来反对我们，反对尘世间的一切高贵者、快乐者、心胸大度者，反对我们在尘世间的幸福……迄今为止，承认每一位彼得和保罗的"不朽"就是对高贵人性的最大、最恶意的谋杀。——同时，我们没有低估从基督教一直蔓延到政治领域的灾难！今天，任何人都不再有勇气追求特权、追求统治权、追求一种对自己和同类的敬畏感——追求一种距离的激情……我们的政治患上了这种缺乏勇气的疾病！——思想的贵族制已经被灵魂平等的谎言埋在地下最深处；只要对"大多数人的特权"的信仰发动并且将要发动革命——那就丝毫不用怀疑，恰恰是基督教、是基督教的价值判断，将每一次革命都仅仅翻译成为鲜血和犯罪！基督教是一场由所有地上爬行者对身处高位者发动的起义："低贱者"的福音使一切变得更低贱……

44

《福音书》作为早期团体内部已经无法逆转地败坏的见证,具有不可估量的意义。保罗后来通过一种拉比式的逻辑犬儒主义,完成了一个从拯救者之死开始的堕落过程。——人们不可能把这些《福音书》读得那么仔细;它的每一句话背后都隐藏着困难。我不得不承认,同时也请原谅我这么说:正因为如此,《福音书》——作为一切天真的败坏的对立面,作为彻头彻尾的精致性,作为心理学意义的败坏中的艺术家气质——给一个心理学家带来了一种首要的满足。《福音书》孑然自立。《圣经》通常不能进行比较。置身犹太人中间:要想不在这里完全失去线索,这是首要的立足点。超凡入"圣"的自我伪装简直在这里变成了天才,任何书和人都望尘莫及。这种自我伪装,这种词语和手势的伪造,作为艺术,不是某一种个别天赋、某一种例外自然的机遇。种族就是其中的一部分。在基督教之中,整个犹太教、一种长达几个世纪的最严肃的犹太教练习和技艺,作为神圣的撒谎的艺术,达到了炉火纯青的地步。基督徒,这种谎言的终极理由(*ultima ratio*),再一次成为犹太人——甚至第三次成为犹太人……——这种基本意志仅仅使用那些为教士式实践所证明的概念、象征和态度,这种本能对所有其他实践、所有其他类型的价值和有用性视角都表示拒斥——这不仅是传统,而且是遗产:只有作为遗产,这种意志和本能才像自然那样发挥作用。整个人类,甚至是最优秀时代的最优秀头脑都让自己受欺骗（唯一的例外，或许只是一种非人［Unmensch］——）。《福音书》被解读成为一本无辜之书……这丝毫没有说明，演完这一出戏需要一种什么样的高超技巧。——当然，只要我们看一看所有这些了不起的伪君子和人造的圣徒，哪怕只是匆匆一瞥，那么这种戏法也就完蛋了——而且，正因为我如果不看手势就读不懂词语，所以，我正在终结这一出戏……我无法忍受他们眼睛朝上的一种确定方式。——幸运的是，对于大多数人来说，书仅仅是文学——不要误入歧途：他们说"不要论断人"，但他们要把所有妨碍自己的东西送进地狱。通过让神审判，他们自己进行审判；通过荣耀神，他们荣耀自己；通过要求那种他们恰好有能力做到的德性——况且，他们也需要这种德性去占领制高点——，他们装出一副为德性而奋斗、为争取德性的统治而战斗的重大假象。"我们生，我们死，我们牺牲自己，都是为了善（——'真理'、'光'、'神的国'）"：事实上，他们所做的不过是他们不得不做的事。他们以胆小鬼的方式行事，待在角落，在阴暗中得过且过地过着阴暗的生活，由此他们把这些变成了一种义务：作为义务，他们的生命显得谦卑；作为谦卑，他们的生命更是成为一种虔诚的证明……啊！这是一种多么谦卑、多么贞洁、多么悲天悯人的伪善！"德性本身应该为我们见证"……人们可以把《福音书》解读成为用道德（Moral）进行诱惑的书：道德被这一小撮人所垄断——他们多么清楚道德的用处！人类最容易被道德所诱骗！——实在性在于：这里，最有意识的选择骗局打扮成谦虚的样子："共同体"、

"善人和义人"被一劳永逸地划到自己的一边、被划到"真理"的一边——剩下的东西,"俗世",被划到另一边……这是一种地球上有史以来最为祸害的自大狂:伪君子和撒谎者的渺小怪胎开始要求独占"神"、"真理"、"光"、"精神"、"爱"、"智慧"、"生命"的概念,就好像这是他们的同义词,他们可以借此将"俗世"同自己区隔开来:一小撮最高级的犹太人(Superlativ-Juden)——他们成熟到可以进入任何类型的疯人院——按照自己的标准颠覆了价值,似乎"基督徒"不仅是意义、盐和尺度,而且是对所有其他人的终极审判……整个灾难之所以成为可能,仅仅是因为,世界上已经出现过另一种类似的、种族相近的自大狂,犹太教的自大狂:一旦犹太人和犹太基督徒(Juden-Christen)之间出现分裂,后者就别无选择,只能使用犹太教本能所指引的那种自我保护措施来反对犹太人本身,而犹太人不过是用它们来反对一切非犹太人。基督徒不过是一种信念更加开放的犹太人。——

45

——我举出一些例子来检验一下,这一小撮人的头脑里装着什么东西,他们借自己的老师之口在说什么东西:"美好灵魂"的纯粹告白。——

"何处的人不接待你们,不听你们,你们离开那里的时候,就把脚上的尘土跺下去,对他们作见证。我实在告诉你们,审判的日子,所多马和蛾摩拉也比那儿更得到宽恕。"(《马可福音》第6章,11)——多么福音!……

"凡使这信我的一个小子跌倒的,倒不如把大磨石拴在这人的颈项上,扔在海里。"(《马可福音》第9章,42)——多么福音!……

"倘若你一只眼叫你跌倒,就去掉它。你只有一只眼进入神的国,强如有两只眼被丢在地狱里;在那里,虫是不死的,火是不灭的。"(《马可福音》第9章,47)——这恰恰不是他们所说的眼睛……

"我实在告诉你们:站在这里的,有人在没尝死味以前,必要看见,神的国大有能力临到。"(《马可福音》第9章,1)——尽情撒谎吧,狮子!……

"若有人要跟从我,就当舍己,背起他的十字架,来跟从我。因为……"(一位心理学家的注释。基督教的道德被它的"因为"[Denn]所驳斥:它的"原因"在驳斥它——这恰恰使它成为基督教。)(《马可福音》第8章,34)——

"你们不要审判人,免得你们被审判。你们用什么量器量给人,也必用什么量器量给你们。"(《马太福音》第7章,1)——这是一种什么样的正义概念!这是一种什么样的"正义"审判概念!……

"你们若单爱那爱你们的人,有什么赏赐呢?就是税吏不也是这样行吗?你们若单请你们兄弟的安,比人有什么长处呢?就是外邦人不也是这样行吗?"(《马可福音》第5章,46)——"基督教之爱"的原则:它要求得到最后的善报……

"你们不饶恕人的过犯,你们的天父也必不饶恕你们的过犯。"(《马太福音》第6章,15)——这恰恰让所谓的"父"非常丢脸……

"你们要先求他的国和他的义,这些东西都要加给你们了。"(《马太福音》第6章,33)——所有这些东西就是:食物,衣服,一切生活必需品。说得温和一些,这是一个错误……神刚刚还显现为裁缝,至少在确定的情况下是这样的……

"那日,你们要欢喜跳跃,因为你们在天上的赏赐是大的,他们的祖先待先知也是这样。"(《路加福音》第6章,23)——毫无廉耻的流氓!他们已经把自己同众先知相提并论……

"岂不知你们是神的殿,神的灵位住在你们里头吗?若有人毁坏神的殿,神必要毁坏那人,因为神的殿是圣的,这殿就是你们。"(保罗的《哥林多前书》第3章,16)——对于这一类东西,怎么鄙视都不过分……

"岂不知圣徒要审判世界吗?若世界为你们所审,难道你们不配审判这最小的事吗?"(保罗的《哥林多前书》第6章,2)——很遗憾,这并不仅是一个疯子的话……这位可怕的骗子继续说:"岂不知我们要审判天使吗?何况今生的事呢?"……

"神岂不是叫这世上的智慧变成愚拙吗?世人凭自己的智慧既不认识神,神就乐意用人所当作愚拙的道理拯救那些信的人……按着肉体有智慧的不多，有能力的不多，有尊贵的也不多。神却拣选了世上愚拙的，叫有智慧的惭愧；又拣选了世上软弱的，叫那强壮的惭愧。神也拣选了世上卑贱的，被人厌恶的，以及那无有的，为要废掉那有的，使一切有血气的，在神面前一个也不能自夸。"（保罗的《哥林多前书》第1章，20以下）——这段话是每一种贱民道德的第一流心理学文献，要理解它，人们可以阅读我的《论道德的谱系》的第一部分：在那个地方，高贵的道德同来自怨恨和无力报复的贱民道德之间的对立第一次被揭示出来。保罗是一切复仇使徒中最了不起的一位……

46

——由此得出什么结论？在翻阅《新约》之前，最好戴上手套。离肮脏如此之近，这几乎是不得已而为之。正如我们不愿意同波兰犹太人打交道一样，我们也不愿意同"早期基督徒"打交道：不是因为仅仅需要对他们提出某种指责……而是因为他们两者都散发恶臭。——我在《新约》中徒劳地寻找一丝让我有同感的特征；《新约》中没有任何自由、良善、心胸开阔和诚实的东西。在这里，人性甚至都没有开始——不存在干净的本能……《新约》中只有坏本能，却没有追求这种坏本能的勇气。在这里，一切都是胆怯，一切都是紧闭双眼和自我欺骗。假如刚刚读过《新约》，那么任何一本书都会立刻变得很干净：譬如在读完保罗之后，我马上欣喜若狂地阅读那位最迷人和最放肆的讽刺作家佩特罗尼乌斯（Petronius），对于他，可以用巴卡西奥（Demonico Boccaccio）在写给帕尔马大公（Herzog von Parma）的信中关于恺撒·博几亚（Casear Borgia）的话来形容："无所不在的节日"——不朽的健康，不朽的清新和快乐……因此，这些渺小的伪君子恰恰在主要事情上算计失误。他们发动攻击，但所有被他们攻击的东西都因此变得卓尔不群。一个人被"早期基督徒"攻击，非但没有因此受到玷污……相反：被"早期基督徒"所反对，恰恰是一种荣耀。一个人阅读《新约》，不可能不偏爱在其中受到辱骂的东西——更不要说，不可能不偏爱"世上的智慧"，尽管一位无耻的吹牛大王企图用"愚拙的布道"将它废掉……但就连法利赛人和经师也从这种对立中获益匪浅：他们必须已经成为某种有价值的东西，这样才能以这种不体面的方式遭到仇恨。伪善——"早期基督徒"竟然可以提出这样一种指责！——归根到底，他们是特权者：这就足够了，贱民的恨不再需要理由。"早期基督徒"——我担心他们是"最后的基督徒"，我在有生之年很可能会经历这件事——是发自最深层、本能地对所有特权者的造反——他们总是为"平等的权利"生存、战斗……更仔细地看，他们其实别无选择。一个人要想成为一个"神的被拣选者"——或者成为一座"神的殿堂"，或者成为一位"天使的审判者"——那么，任何其他的选择原则，譬如根据诚实，根据精神，根据男子气和骄傲，根据心灵的美和自由，简言之，根据"俗世"——都是自在之恶……道德：

从一位"早期基督徒"口中说出的每一句话都是谎言,他所做出的每一个行为都是发乎本能的虚伪——他的所有价值、他的所有目标都是有害的,但是,他所恨的人、他所恨的事物,却是有价值的……基督徒,尤其是教士基督徒,就是一种价值标准。难道我没有说过全部《新约》中只有一位值得尊敬的形象吗?他就是彼拉多(Pontius Pilatus),罗马总督。严肃地对待一起犹太人事件——他无法说服自己做到这一点。或多或少只是一个犹太人——这有什么意义?……一位罗马人在看到"真理"一词被无耻地滥用时表达了高贵的嘲讽,这给《新约》增添了一句唯一有价值的话——这是对《新约》的批判,更是对它的毁灭:"什么是真理!"……

47

——我们之所以与众不同,并不是因为我们既不在历史中,也不在自然中,更不在自然的背后重新发现神——而是因为我们将那些被当作神来顶礼膜拜的东西,不再视若"神圣",而看成是可怜、荒谬、有害的东西,不仅看成是错误,而且看成是对生命的犯罪……我们否定作为神的神……假如有人向我们证明基督徒的这种神,我们就知道更不应该信仰他。——用公式来说:保罗所创造的神,是对神的否定(*Deus, qualem Paulus creavit, dei nagatio*)。——一种像基督教这样不在任何一点上触及现实的宗教,一旦现实哪怕只是在一点上坚持自己的权利,那么它就立刻崩溃。公正地说，这样一种宗教必然是"世上的智慧"（也可以说是科学）的死敌——任何工具，只要能够被用来毒害、中伤和诬蔑精神的纪律、精神良知事物中的纯净和严峻、精神的高贵冷静和自由，都被这种宗教说成是好工具。"信仰"作为绝对命令，是对科学的否决——信仰在实践中是不惜一切代价的谎言……保罗理解了，谎言——"信仰"——是必需的；后来，教会重新理解了保罗。——保罗自己发明的那个"神"，一位"废掉""世上的智慧"（在狭义上是一切迷信的两大敌人，语文学和医学）的神，事实上只不过是保罗本人的这一坚定决心：他要把自己的意志（Wille）命名为"神"，命名为原始犹太人的律法（Thora）。保罗想要（will）废掉"世上的智慧"：他的敌人就是亚历山大里亚学派（alexandrinische Schulung）的优秀语文学家和医生——，他对他们发动战争。事实上，一个人假如不同时成为敌基督者，那就不可能成为语文学家和医生。作为语文学家，他看到了"神圣经书"的背后；作为医生，他看到了典型基督徒的生理堕落的背后。医生说"无可救药"，语文学家说"欺骗"……

48

——难道人们真的理解《圣经》开篇所提到的那个著名的故事——神对科学的极度恐惧？……没有人理解这个故事。这部彻头彻尾的教士之书（Priester-Buch），很恰当地以教士的内在巨大困难为出发点:他仅仅面临一个巨大的危险,因此"神"也仅仅面临一个巨大的危险。——

旧的神,完完全全的"精神",完完全全的"高级教士",完完全全的"完善状态",在自己的花园里悠闲地散步:不过,他感到无聊。面对无聊,诸神也是束手无策。他怎么办?他创造了人,——人可以助兴……但是看看吧,人也很无聊。一切伊甸园本身都面临一个独一无二的困境,而神对这一困境的悲悯没有看到界限:他很快又创造了其他动物。神的第一个失误:人发现动物很没有意思——他统治它们,他根本不想成为"动物"。——因此,神创造了女人。真的,厌倦现在终结了——但其他的东西也终结了!女人是神的第二个失误。——"女人在本质上就是蛇,就是夏娃"——每一个教士都知道这一点;"世上的每一种灾难都来自女人"——每一个教士同样知道这一点。"因此,科学也产生于女人"……男人恰恰是由于女人才学会去品尝知识之树的果实。——发生了什么事情?一种极度的恐惧侵袭了旧的神。人本身已经成为神的最大失误,他创造了一个竞争对手,科学使人变得和神一样——一旦人有了科学,教士和诸神就宣告终结!——道德:科学是一切禁忌中的禁忌——只有它应该被禁止。科学是首要的罪,是一切罪的萌芽,是原罪(Erbsünde)。只有这才是道德。"你不应该认识"——其他的一切皆由此而来。神的极度恐惧并不妨碍他的狡猾。如何抵挡科学?这将长时间地成为神的主要问题。答案是:将人逐出伊甸园!幸福和悠闲孕育了思想——一切思想都是坏思想……人不应该思想。——为此,"教士本身"(Priester an sich)发明了困顿、死亡、怀孕的生命危险、形形色色的苦难、衰老、劳累,首先是疾病,——所有这些,都是对科学发动战争的手段!困顿不允许人思考……尽管如此!多么可怕!知识的大厦耸立起来,扰乱了天堂,宣告了诸神的黄昏——还能做什么!——旧的神发明了战争,他使各个民族相互分裂,他造成人类相互毁灭(——教士总是需要战争……)。除此之外,战争还是一种对科学的巨大破坏——令人难以置信!尽管有战争存在,认识、从教士那里获得的解放依然在进步。——旧的神做出了最后的决定:"人拥有科学——这仍然无济于事,他必须被淹死!"……

49

——人们已经理解我了。《圣经》的开端包含了教士心理学的全部。——教士仅仅看到一个巨大危险:这就是科学——关于原因和结果的健全概念。但在整体上,科学只能在幸运的条件下成长——一个人必须有时间,必须有多余的精神,才能进行"认识"……"因此,必须使人变得很不幸福"——这在任何时代都是教士的逻辑。——人们已经猜出,根据这种逻辑,首先进入世界的是什么东西:——"罪"……之所以发明罪与罚的概念,发明整个"道德世界秩序"的概念,就是为了反对科学——就是为了反对使人摆脱教士……一个人不应该向外看,他应该向内看;作为学习者，他不应该狡猾和审慎地观察事物，他根本就不应该看：他应该忍受……并且，他应该忍受到在任何时间都需要教士的地步。——让医生滚蛋吧！人们需要一位救世主（Heiland）。——罪与罚的概念，包括"恩典"、"拯救"、"宽恕"等学说——是彻头彻尾的谎言，没有任何心理学的实在性——罪与罚的概念之所以被发明出来，就是为了摧毁人的因果感觉：它们是对原因和结果概念的暗杀！——而且，不是用拳头，不是用刀子，不是用爱与恨的诚实性进行暗杀！而是出于最懦弱、最狡诈、最低贱的本能！一种教士的暗杀！一种寄生虫的暗杀！一种苍白阴暗的水蛭在吸血！……假如一种行为的自然结果不再是"自然的"，而被看成是迷信的概念幽灵、"神"、"精神"、"灵魂"的产物，被看成是纯粹的"道德"后果，被看成是奖赏、惩罚、警谕和教化工具，那么知识的前提就被摧毁了——那么，这就对人类犯下了最大的罪过。——再次申明，罪，人类这种无与伦比的自我戕害形式，之所以被发明出来，就是为了使科学、使文化、使人的一切提升和高贵，都成为不可能；教士通过发明罪进行统治。——

50

——在这个地方，恰恰是为了"信徒"的适当利益，我不应该忽略一种有关"信仰"、"信徒"的心理学。倘若今天还有人不知道"持有信仰"是多么不体面，——抑或是不知道"持有信仰"标志着一种颓废、一种残缺的生命意志——那么，明天他就会一清二楚。我的声音甚至能够穿透听觉迟钝者的耳朵。——假如我没有听错，那么在基督徒中间似乎有一种真理标准，这就是所谓的"力量的证明"。"信仰带来了幸福：因此信仰是真的。"——这里首先应该反驳的是，带来幸福（Seligmachen）恰恰不是被证明，而是仅仅被许诺：幸福（Seligkeit）以"信仰"为前提——一个人应该得到幸福，因为他有信仰……但是，考虑到教士给信徒的许诺是一个无法证实的"彼岸"，信仰带来幸福这一点是否在事实上发生过？如何证明这一点？——所谓"力量的证明"，说到底同样不过是对这一看法的信仰：信仰许诺的结果不会兑现。换一种说法："我相信：信仰会带来幸福；——因此，信仰是真的。"但是，我们只能以此为终点。作为真理的标准，这个"因此"本身就是荒谬（absurdum）。——我们不妨略带几分仁慈地假定，信仰带来幸福得到了证明（不是仅仅出于期望，不是仅仅从教士口中说出来的可疑许诺）：但是，幸福，说得更技术一些，快乐，何曾成为真理的证明？一旦快乐的感觉参与了对"什么是真理"问题的讨论，那么快乐就极少成为真理的证明，快乐甚至几乎成为真理的反证（Gegenbeweis），至少也会引起对真理的最大怀疑。"快乐"给出的证明是一种对"快乐"的证明——此外什么都不是；人们确信，真判断比假判断带来更多愉悦，并且根据一种前定和谐（praestablierten Harmonie），真判断必然带来舒适的感觉：这种确信究竟是如何建立的？——所有严格和深刻精神的经验，教给人的都是相反的看法。一个人必须在每一步都要竭尽全力地获取真理，必须为真理几乎牺牲一切，牺牲我们的心、我们的爱、我们对生命的信任所依赖的东西。这需要灵魂的伟大：为真理服务是最艰辛的服务。——那么，对精神事物保持诚实意味着什么？意味着：一个人必须严格地抗拒自己的心（Herz），必须蔑视"美的情感"，必须将每一个"是"与"否"都变成一种良知。——信仰带来幸福：因此，信仰在撒谎……

51

信仰在特定情况下可以带来幸福，但一个确定观念带来的幸福绝不能使观念本身为真；信仰不能移山，相反却可能在根本没有山的地方放置一座山：哪怕是匆匆穿过一座疯人院，所有这些事实都会一目了然。但这对一位教士肯定不适用：因为他发自本能地否认疾病是疾病，否认疯人院是疯人院。基督教需要疾病，正如希腊精神需要过度的健康一样——教会的全部拯救机制的真正隐秘动机都是让人犯病。甚至教会自身——难道它不是把建立天主教疯人院作为终极理想？——教会所想要的宗教人（religiöse Mensch）是一种典型的颓废者；在一种宗教危机主宰一个民族的时刻，永远都是由神经的传染病所刻画出来的；宗教人的"内心世界"非常类似于神经过度紧张者和过度衰竭者的"内心世界"，简直难以对他们进行区分。基督教把"最极端"的心理状态作为一切价值中的价值强加给人类，但它们本身就是流行病的形式——教会以神圣之名而认可的，只是那些为了神的伟大荣耀（*majorem dei honorem*）的神经病或大骗子……我再次不揣冒昧地认为，整个基督教的忏悔和拯救训练（今天在英国研究得最充分）都是一种方法，它在已经准备好的、完全病态的土壤上制造反复不断的狂躁症（*folie circulaire*）。并非所有人都能自由地成为基督徒：一个人并不是"皈依"基督教——他首先必须病重到有"皈依"的资格……我们这些另类的人，只要有追求健康和追求鄙视的勇气，我们就最好应该鄙视任何一种宗教：它教导对肉体的误解！它拒绝抛弃灵魂的迷信！它从营养不良中制造"功绩"！它把健康作为一种敌人、魔鬼和诱惑，同它进行斗争！它自欺欺人地认为，在肉体的尸首上人们可以带来"完善的灵魂"，而且为此还必须为自己设计出一个新的"完善"概念，一种苍白、病态、白痴般狂热的存在，所谓的"圣洁"——"圣洁"本身就是贫乏、萎靡、病入膏肓的肉体系列综合征！……作为一种欧洲的运动，基督教运动从一开始就是各种渣滓和废物的总体运动（在基督教的庇护下，他们现在想要攫取权力）。基督教所体现的不是一个种族的没落；相反，它代表了颓废形象的总和：他们从四面八方赶来挤作一团，相互寻找对方。它并非如通常所设想的那样，是古代本身、是高贵的古代之堕落，虽然正是这种堕落使基督教成为可能；今天，那些有学问的白痴仍然坚持这种看法，人们也不可能对他们提出过于尖锐的挑战。在整个帝国中病态、堕落的贱民阶层被基督教化的时期,对立的类型,高贵的阶层达到了最优秀、最成熟的形态。大多数人成了主人;作为基督教本能的民主制获得了胜利……基督教不是"民族性的",不受种族决定。它所吸引的是所有被剥夺生命遗产的人,它的同盟者无处不在。基督教是病人发自内心的仇恨,是反对健康人、反对健康的本能。所有发育良好、骄傲、赏心悦目和美好的东西,都会冒犯它的耳朵和眼睛。我再次想到保罗那句无与伦比的话:"神也拣选了世上卑贱的、被人厌恶的,以及那无有的";套用这一个程式:凭借这个象征(in hoc signo),颓废者应该获胜。——十字架上的神——难道人们总是不能理解这个象征中可怕的隐秘意义?——所有的受苦、所有依赖十字架的东西,都是神圣的……我们都依赖十字架,因此我们都是神圣的……只有我们是神圣的……基督教是一次胜利,它毁灭了更高贵的精神气质——直到今天,基督教仍然是人性的最大的不幸。——

52

基督教同所有的精神健康相对立——它只能把病态的理性当作基督教的理性来使用,它选择的是所有愚昧的立场,它诅咒"精神"和健全精神的自豪(*superbia*)。既然病态成为基督教的本质,那么典型的基督教心理状态、"信仰"就必然是病态的形式,所有准确、诚实和科学的"知识"之道,都必然被教会作为禁止之路而加以拒绝。怀疑已经是一种罪……教士身上完全没有心理学意义的清洁——他的目光泄露了这一点——这是颓废导致的现象——人们只需要观察一位歇斯底里的女人和患佝偻病的儿童,就可以看出,他们这种有规律的本能伪造、为撒谎而撒谎的快乐、正视前方和笔直行走能力的丧失,如何成为颓废的症候。"信仰"意味着,不愿意知道什么是真的。虔敬派信徒(Pietist),不管什么性别的教士都是伪善的,因为他病了:他的本能要求,真理无论在任何地方都不能获得权利。"导致病症的一切都是善的;源于丰盈、过剩和权力的一切都是恶的":信徒有这种感觉。不由自主地撒谎——正是通过这个特征,我辨认出了每一位命中注定的神学家;神学家的另一标志是,他没有语文学的禀赋。在相当普通的意义上,这里的语文学应该理解为精读(gut zu lesen)的艺术——尽可能地解读事实,不要通过解释来对它们进行伪造,不要在试图理解它们时丧失谨慎、耐心和精细。语文学是解释中的搁置判断(*ephexis*):它仅仅关心书籍,关心新闻报道,关心命运和天气状况——更不要说"灵魂的拯救"……不管是在柏林还是在罗马,一位神学家解释任何事情的方式,都大胆到足以让语文学家以头抢地:譬如说,他对任何一段"经文"、一场经历或一次祖国主人的征服的解释,都要给它抹上大卫王赞美诗的神圣光环。教士和其他来自施瓦本的白痴,用"神的手指"把他们极端平庸而混乱的存在变成了"恩典",变成了"神圣的预见",变成了"拯救的体验"。在这个时候,这位语文学家应该怎么办?毫无疑问,即使具备最节制的精神,更不要说体面，这位解释者也足以能证明，这种对神的高超手法的滥用纯属幼稚，毫无价值。不管我们在爱之中的虔诚是多么微不足道，假如我们曾经遇到一位神，他在合适的时间治好了我们的感冒，或者在暴雨突降时给予我们勇气，那么他就是一位极其荒唐的神，以至于哪怕他真的存在，也必然遭到废除。一位家仆、邮递员、挂历肖像的神——说到底，只是一切机遇中最愚蠢的机遇的代名词。……今天，大概有三分之一"有教养的德国人"相信"神圣的预见"；但这恰恰是对神的一个反驳，无法想象还有什么反驳比这个更强大。而且无论如何，这都是一个对德国人的反驳。

53

——认为殉道者为一项事业（Sache）的真理提供了某种证明，这根本不是真的，我甚至觉得殉道者同真理毫不相干。殉道者以某种口气把自己信以为真的态度套在世界的头上，但这种口气恰恰显示了极为低下的理智诚实层次，显示了一种对真理问题的麻木，其结果是根本无须对一位殉道者进行驳斥。真理并非意味着，假如一个人拥有，那么另一个人就没有；用这种方式来看待真理的，至多仅仅是农民，或者路德之流的农民使徒（Bauern-Apostel）。应该感到放心的是，一个人在精神事物上的良知层次越高，他在这方面就越谦虚和审慎。人们应该对五种情况有所了解，并且巧妙地排斥对其他情况的了解……根据一切先知、宗派分子、自由精神者、社会主义者、教会人士对真理一词的理解，真理充分地证明了：寻找哪怕最微不足道的真理所需要的精神纪律和自我克服，都从来没有真正地开始过。——顺便说一句，殉道者的死亡是历史的巨大不幸，因为他们误入歧途……所有的白痴、女人和民众都得出结论说：在一项有人为之死亡（或者犹如在早期基督徒中那样孕育了追求死亡的传染病）的事业中，总有某种相关的内容。——这一结论成为抗拒事实检验、检验精神和审慎的巨大阻力。殉道者危害真理……即便在今天，残酷的迫害仍然足以给毫无意义的宗派分子带来荣耀之名。怎么回事？让某个人甚至为此付出生命，是否能改变那项事业的价值？只要某个错误成为荣耀，它就更具诱惑力。尊敬的神学家，你们是否也相信：我们也将要为你们提供机缘，让你们因为谎言而成为殉道者？——驳倒一项事业的方法，就是满怀敬意地把它搁置起来——这也同样可以驳倒神学家。所有迫害者的世界历史性的愚蠢就在于，他们给敌对事业带来了虚假的荣誉——他们馈赠给它殉道的魅力……今天，女人仍然跪倒在一个错误面前，因为人们告诉她们，有人为这个错误死在十字架上。难道十字架就是一个论证？——但针对所有这些事情，只有一个人道出了几千年来人们原本需要的一切——查拉图斯特拉。

他们在前进的道路上写下了血的标记，他们的愚蠢也教导说：真理必须用鲜血来证明。

但鲜血是证明真理的最糟糕的证据；鲜血毒害了最纯洁的学说，把它变成心灵的疯狂和仇恨。

假如一个人为他的学说赴汤蹈火——这能证明什么！真的，从自己的烈火中演化出自己的学说，这才是更重要。

54

不要误入歧途，伟大的精神都是怀疑者。查拉图斯特拉是一位怀疑者。力量，来自精神权力和充沛的自由，都通过怀疑来证明自己。就所有价值和无价值的基本原则而言，根本无须考虑有信念的人。信念就是监狱。不能看得足够远，也就不能看到自己的下面；但想要对价值和无价值有发言权，就必须要看到自己的下面——自己的身后的五百个信念……渴望变得伟大，并且获得相应的手段，一个精神必须成为怀疑者。摆脱各种信念的自由，自由地看的能力，属于力量的一部分……一个怀疑者之存在的伟大激情、基础和力量，同他本人相比，既更开明得多也专横得多，并且使他的整个理智都为它服务；这种激情使他毫无顾虑；它甚至赋予他使用渎神手段的勇气；在特定情况下，它甚至慷慨地赐予他信念。信念只是手段：唯有借助信念，一个人才能实现许多目标。伟大的激情需要信念，并且利用信念；它从不屈服于信念——它知道自己是主权者。——相反：对信仰的需要，对某种无条件的"是"和"不是"的需要，对卡莱尔主义的需要——假如宽容我使用这个词语——都是一种懦弱的需要。坚持信仰的人，形形色色的信徒，必然都是依附性的人——这种类型的人不可能把自己看成目的，他在自身中也不可能发现任何目的。"信徒"不属于自己;他只是达到目的的手段;他必须被利用;他需要有人利用他。他的本能赋予一种非自身化(Entselbstung)以至上荣誉;他的一切,包括他的狡计、他的经验、他的虚荣,都促使他拥抱这个荣誉。就其自身而言,形形色色的信仰都是非自身化和自我疏离的表现……假如有人想到,大多数人多么需要有一些规范,外在地制约并束缚他们;假如他还想到,强迫或更强意义的奴役是某种唯一和终极的条件,好让意志软弱者,尤其是女人茁壮成长;那么,他就立刻理解了信念,理解了"信仰"。对坚持信念的人而言,信念就是他们的支柱。对许多事情视而不见,在任何一点上都不能没有偏见,越来越成为党派分子,用一种严格和必要的视角来看待一切价值——所有这些,都仅仅是这类人的存在所必需的条件。但是,他们也因此成为真诚者的对立面和敌对者——成为真理的对立面和敌对者……对于"真"与"不真"的问题,信仰者根本不能自由自在地拥有良知:在这一问题上保持诚实,必将立刻导致他的崩溃。信念者视角的病理学前提将他人变成狂热分子——萨沃那洛拉、路德、卢梭、罗伯斯庇尔、圣西门——,他们都是强大的和已经变得自由的精神的对立类型。但这些病态精神的宏伟态度,这些概念的癫狂者,却对人民大众产生了广泛影响——狂热分子充满诗情画意,人类宁愿欣赏姿态,也不愿倾听理由……

55

——必须把信念、"信仰"的心理学推进一步。很长时间以来，我都在潜心思考这个问题：信念是否是比谎言更危险的真理之敌（《人性的，太人性的》第一部分，格言54和483）。这一次，我想提出一个决定性的问题：在谎言和信念之间，是否普遍存在着一种对立？——全世界都相信有对立，但全世界也都不相信这一点！——每一个信念都拥有自己的历史，拥有自己的原始形式，拥有自己的尝试和失误阶段：在它很长时间都不是信念之后，在它更长时间几乎不可能成为信念之后，它成了信念。怎么？谎言难道不可能成为信念的萌芽之一？——在这种情况下，需要某种角色的变化：在父亲那里还是谎言的东西，在儿子那儿变成了信念。——我把谎言称为：不愿意看见人们所看到的事物，不愿意如人们看待事物的方式去看待事物：撒谎时是否有证据，根本不用考虑。最流行的谎言恰恰是用来自欺的谎言；相对说来，欺骗他人倒是例外情况。——眼下，不愿意看见人们所看到的事物，不愿意如人们看待事物那样去看待事物，几乎成为形形色色的党派分子的首要条件：党派分子必然是撒谎者。譬如说，德国的历史编纂叙述确信罗马是暴政，确信日耳曼人把自由精神带到世界：这种信念与一个谎言之间还有什么区别？所有的党派分子（包括德国历史学家）都本能地把华丽的道德字眼挂在嘴边——道德之所以长存，大概是因为形形色色的党派分子时时刻刻需要它——

对于这一点,人们不应该感到奇怪吗?——"这是我们的信念:我们要把它向全世界表白,我们为它而生,为它而死——让我们尊敬一切拥有信念的人吧!"——我竟然从反犹主义者的口中听到了这些陈词滥调。相反,先生们!反犹主义者并没有因为在原则上撒谎而更让人尊敬……教士在这些事情上处理得更为精致,他们清楚地理解,这种因为服务于目的而变成原则的信念或欺骗概念,会遇到什么样的反驳。他们借鉴了犹太人的狡计,在信念的地方强行插入"神"、"神的意志"、"神的启示"概念。凭借其绝对命令,康德也同他们成为一丘之貉:这里,他的理性变成了实践性的(praktisch)。——就所存在的一些问题而论,人无权对"真"或"不真"做出决定;一切终极问题,一切终极价值问题,都在人类理性的彼岸……必须认识到理性的界限——这才是真正的哲学……神为什么给人以启示?神的行为难道纯属多余?人不能凭着自己去认识何为善恶,为此神才将其意志传授给人……道德:教士没有撒谎——"真"或"不真"的问题,并不存在于教士所谈论的事情当中;不允许在这些事情上撒谎。因为倘若要在此撒谎,则必须断定什么是真的;但这恰恰超越了人的认识能力;因此,只有教士才是神的代言人。这样一种教士式的三段论,决非为犹太人和基督教独有;撒谎的权利和启示的狡计属于一切教士类型——既包括颓废的教士,也包括异教的教士(——异教徒是所有肯定生命的人,对他们来说,神就是对万物表示伟大肯定的代名词)。——"律法"、"神的意志"、"神圣的经书"、"神启"——所有这些不过意味着某种条件,以便教士试图攫取权力,并以此维持权力——在一切教士组织、一切教士式或哲学教士式统治机构的地基上,都可以发现这些概念。"神圣的谎言"——儒家、《摩奴法典》、穆罕默德、基督教会,无一例外——:即便是在柏拉图那里也并不缺少。"真理在此":不管在什么地方听到这句话,这都意味着,教士在撒谎……

56

——所有这些最终都取决于,撒谎的目的究竟何在?在基督教中不存在"神圣"的目的,这就是我对其手段的反驳。在基督教中只有糟糕的目的:对生命的毒害、中伤和否定,对肉体的鄙弃,通过罪的概念贬低人的价值并且使人自我摧毁——因此,他的手段同样恶劣。——我怀着一种完全相反的感受阅读《摩奴法典》,一部无与伦比的精神和卓越之作。哪怕仅仅把它的名字同《圣经》并列在一起,都是一种对于精神的犯罪。可以立刻看出:在它的背后,在它的自身中,都隐含着一种真正的哲学,而不是充满拉比式教义和迷信的犹太人所散发的恶臭——《摩奴法典》具有某种东西,即便最挑剔的心理学家都会仔细品尝。不要忘记主要事情,不要忘记它同任何类型的《圣经》之间的那个根本区别:正是通过这部法典,高贵的阶层、哲学家和战士才得以支配大众;无所不在的高贵价值,一种完美的感觉,一种对生命的肯定，一种对自己和生命的凯旋般的快乐感——阳光普照了全部经卷。——所有被基督教无休止地发泄其下流的东西，譬如生育、女人、婚姻，在《摩奴法典》中都被满怀敬畏、爱和信任地严肃对待。"但要免淫乱的事，男人当各有自己的妻子，女人也当各有自己的丈夫……与其欲火攻心，倒不如嫁娶为妙"——假如哪一本书上写着这么肮脏的词句，怎么能把它交给孩子和女人？一旦人类的起源由于"圣灵降孕"的概念而被基督教化（verchristlichen），抑或是被弄脏，那么怎么可以允许成为基督徒？……在所有谈论女人的书籍中，我不知道还有哪一本比《摩奴法典》更温柔、更良善；对那些或许不可征服的女人，这些白胡子的长者和圣人也是彬彬有礼。"一个女人的嘴"——有个地方说——，"少女的乳房，一个孩子的祈祷，祭祀的炊烟总是纯洁的。"另一个地方说："阳光、一头母牛的影子、空气、水、火和一个少女的呼吸，没有什么比这些更纯洁。"最后还有一个地方——这很可能同样是一个神圣的谎言——："肚脐以上的所有身体敞口都是纯洁的，肚脐以下的皆为不洁。唯有在少女身上，整个躯体都是纯洁的。"

57

一个人只要用《摩奴法典》的目的来衡量基督教的目的——只要将这个最大的目的对立（Zweck-Gegensatz）大白于阳光之下，那么他就可以当场抓获基督教手段的非神圣性。要想让基督教变得让人轻蔑，基督教的批评家总是不可缺少。——一本像《摩奴法典》这样的法典（Gesetzbuch），在起源上同每一本好的法典一样：它总结了漫长世纪以来的经验、狡智和道德实验，它是结论，它不再进行创造。要编制这种法典，前提就是这样一种洞见：为一种缓慢地赢得并付出昂贵代价的真理树立权威的手段，在根本上与用来证明这一真理的手段完全不同。一部法典从不说明用处、根据、一条律法成为律法之前的辩疑：因为一旦这么做，律法就会丧失其直言命令式的（imperativisch）腔调，丧失"你应该"（du sollst），丧失让人服从的前提。问题恰恰就在这里。——在一个民族进化的某一点上，这个民族的一个最具洞察力、也就是最具后顾与前瞻眼光的阶层，就会宣布：用来规定应该（也就是能够）怎样生活的经验已经到头了。他们的目标，就是从充满实验和糟糕经验的各个时代之中，采摘最丰富和最全面的果实。因此，现在首先需要注意的是，不要无休止地（in infinitum）继续进行实验，不要无休止地延续这种价值变动不居的状态，不要无休止地对价值进行检验、筛选和批判。为此，人们设立了双重的围墙：一堵墙是启示，它宣称，每一条律法背后的理性都不是来源于人，不是在经历漫长过程和许多错误之后才被找到、被发现的，而是拥有神圣的起源，是完备、完善、没有历史，是一个馈赠、一项奇迹，人只是被告知而已……另一堵墙是传统，它宣称，律法已经在遥不可及的远古时代就已经存在，质疑律法是不虔敬，是对祖先的一种犯罪。因此，律法的权威基于这一论点：神制定律法，祖先以律法为生。——这一程序的更高理性，就是有意图地逐步阻止意识去关注那个已经被认识为正确（也就是被广泛且精挑细选过的经验所证明）的生活：从而使本能成为一种完全自动机制。——这是任何一种高超技艺的前提，是任何一种生活艺术达到完善的前提。按照摩奴的方式树立一部法典，意味着承认一个民族在未来将成为主人，将臻于完善——将野心勃勃地追求生活的最高技艺。必须变得无意识才能达到这一点：这是每一种神圣的谎言的目标。——种姓制度，最高的、统治的律法，只不过是对一种自然秩序的认可，是头等的自然法则，不为任何任性（Willkür）和"现代观念"所支配。在每一个健康的社会中，都有三种在生理上侧重点不同，但又相互制约的类型，这三种类型各有各的卫生，各有各的工作区域，各有各的完善感和技艺。是自然，而非摩奴（Manu），将这三种类型区分开：一种是偏重精神的；一种则偏重膂力、性情热烈；而第三种与前两者都不同，它体现的只是平庸——但正是这第三种类型代表大多数，而前两种是遴选出来的。最高的种姓——我称之为极少数人——作为最完善的等级，拥有极少数人的特权：它代表幸福，代表美，代表地上所有的善。只有那些最具精神性的人，才获准追求美，追求美的东西；只有在他们身上，善才不是软弱。美属于少数人（Pulchrum est paucorum bominum）：善是一种特权。这些人绝不会变得行为鄙俗，也不会眼光悲观，眼睛不会去丑化世界——，或者说，他们根本不会对事物的整体面相感到怨忿。怨天尤人是贱民的特权；悲观主义也是如此。"世界是完美的"——最具精神性、肯定性的本能这样说。"不完善、所有低于我们的东西、距离、距离的激情，甚至贱民本身，都是这种完美的一部分。"作为最强者，最具精神的人在别人只能看到毁灭的地方，在迷宫中，在对自己和他人的艰苦磨难中，在尝试中，找到了自己的幸福；他们的快乐就是自我强制：在他们身上，苦行变成了天性、需要、本能。他们将艰难的工作看作是特权；在他们这里，应对那些压垮了他人的重负成了一种休养……知识——一种苦行的形式。他们是最值得景仰的人：但这并不妨碍他们成为最开朗的人、最具生命价值的人。他们统治，不是因为他们想要统治，而是因为他们存在；他们不能随心所欲地退居其次。——第二等的种姓：这是正义的守护者、秩序和安全的看守人，这是高贵的战士，这是作为战士、法官和法律维护者的最高表现形式的国王。第二等的种姓，构成了最具精神者的执行人，在等级上离最高种姓最近，属于他们的工作就是承担所有统治工作中那些粗暴的部分：第二等的种姓是最具精神者的追随者，是他们的左右手，是他们最优秀的门徒。——我要重复一句，在所有这些人中，没有人是任意的，没有人是"被造的"；与这些人不同的人，才是被造的——这样，他们的天性就被毁灭……种姓的秩序，等级秩序，只不过是表达了生命自身的最高法则。要维持社会，要使更高的类型和最高的类型成为可能，就需要区隔这三种类型——倘若有权利存在，那么首要的条件就是权利的不平等。——一种权利就是一种特权。根据其存在的方式，每个人都同样享有他的特权。我们不要低估平庸者的特权。生命向高处攀登总是变得越来越艰难——寒冷在增加，责任在增加。一种高级的文化是一个金字塔：它只能奠基在一个宽大的地基上，它首先必须以某种强有力、健全稳固的平庸为前提。手工业、贸易、农业、科学、绝大部分艺术，一言以蔽之，全部职业活动的总和，都仅仅是与平庸者的能力和追求相适应；这样的职业活动似乎不适合与众不同的人，属于他们的本能既与贵族制相对立，也与无政府主义相对立。为了使一个人成为具有公共用途的东西，成为一个螺丝钉，成为一项职能，就需要一种自然的规定：不是社会，而是大多数人能够实现的那种幸福，把他们变成了理智的机器。对于平庸者来说，平庸是一种幸福；掌握一门手艺、专业化是一种自然本能。一种更深刻的精神，完全不值得对平庸本身表示抗议。为了使与众不同者存在，首先需要平庸：平庸是高级文化的条件。当与众不同的人对待平庸者比对自己和同类更温和，这不仅仅是心灵的礼貌——这直接是他的义务……在当今的无赖分子之中，我最痛恨谁？是社会主义者的无赖分子，是贱民的使徒们，他们损害了劳动者对其卑微存在的本能、快乐和满足感——这些无赖分子让劳动者心怀嫉妒，教会他们报复……不正义从来就不在于权利的不平等，而是在于对"平等"权利的要求……什么是坏？但我已经说出了答案：所有那些来自软弱、来自嫉妒、来自复仇的东西。——无政府主义者与基督徒，出身相同。

58

事实上，撒谎的目的可能是截然不同的，要么是为了保存，要么是为了毁灭。基督徒与无政府主义者可以完全等同：它们的目标、它们的本能，只是迈向毁灭。要证明这一命题，只要研究一下历史就可以了：历史以一种可怕的清晰程度证实了这一点。我们实际上刚刚知晓了一种宗教立法，它的目标是将那些促使生命茁壮成长的条件、将一个伟大的社会组织变得"永恒"——基督教之所以将终结这样的组织视为自己的使命，恰恰是因为生命在这种组织之中得以茁壮成长。在这样的社会组织中，理性从漫长的实验和不稳定时代所获得的回报，本来应该被应用到那些最长远的未来，并且应该结出最伟大、最丰富、最完美的果实：但是，恰恰相反，一夜之间，果实就在这里被毒死了。……比青铜还要长久（aere perennius）地屹立在那里的东西，罗马帝国，是迄今为止在艰苦条件下所建成的最伟大的组织形式，与之相比，所有此前或此后的组织形式都不过是残缺不全、粗制滥造、业余作品——对于那位神圣的无政府主义者，"虔敬"即是毁灭"俗世"，也就是罗马帝国，直至片瓦不存——直至日耳曼人和其他流氓恶棍都能成为它的主人。……基督徒与无政府主义者：二者都是颓废者，二者都只能做一些瓦解、毒害、萎缩、吸血的勾当；二者的本能都是对一切屹立、伟大、持久、向生命许诺未来的东西的致命仇恨。……基督教是罗马帝国的吸血鬼——一夜之间，它就摧毁了罗人的巨大成就，摧毁了为那个将会有时间实现的伟大文化而奠定的根基。——难道人们还不能理解这一点吗？我们所了解的罗马帝国，罗马行省的历史让我们更加清楚地了解的罗马帝国，这种具有伟大风格的艺术品中最值得景仰的艺术品，还只是一个开端，它的设计经过精心计算，可以证明能经受千年。——直到今天，从来不曾以同样的规模在永恒的形式下建造过这样伟大的艺术品，甚至在梦里都没有建造过！——这个组织坚固到足以经受糟糕的皇帝：个人的偶然性与这种组织无关——这是一切伟大建筑的首要原则。但它并没有坚固到足以对抗最败坏形式的败坏，对抗基督徒。……这些隐秘的蛀虫，在黑夜、迷雾和含混的掩盖下，悄然潜入每一个个人身上，吸干他们对真实事物的每一种严肃态度，吸干他们对实在性的一般本能。这帮胆怯的、女性化的、藏在糖衣下面的粗鄙之徒，一步步地使所有"灵魂"都疏离了这个非凡的建筑——疏离了那种充满价值、那种男子汉式的高贵天性，而这种天性在罗马的事业中发现了他们自己的事业、自己的严肃、自己的骄傲。这种伪君子的悄悄渗透，这种秘密集会，这些阴郁的概念，如地狱、无辜者的牺牲、通过饮血的神秘结合（unio mystica），尤其是缓慢地煽起的复仇之火，贱民的复仇——这些，作为一种宗教，变成了罗马的主人，而伊壁鸠鲁早就对这一宗教的原始形式进行了斗争。只要读一读卢克莱修，就能了解伊壁鸠鲁究竟在和什么做斗争：不是异教，而是"基督教"；我的意思是说，他与通过罪、罚和不朽这些概念来败坏灵魂的做法做斗争。——他与阴间崇拜做斗争，与全部潜在的基督教做斗争——否定不朽在当时已经成为一种真正的拯救——伊壁鸠鲁似乎取得了胜利，罗马帝国每一位可敬的精神都是伊壁鸠鲁派：保罗这时候出现了……保罗，是对罗马、对"俗世"的贱民式仇恨，是变成了血肉和天才的仇恨，是犹太人，是彻头彻尾的"永恒"犹太人。……他猜出了秘密：如何借助这个处在犹太教边缘的基督教小宗派运动的星火去点燃一场"世界之火"，如何借助"十字架上的神"的象征，使帝国中一切低下的东西、一切隐秘的反抗、一切无政府主义阴谋的遗产，都能汇集成一股巨大的力量。"救恩是从犹太人出来的。"——作为程式，基督教超过了——并且荟萃了——所有形式的阴间崇拜，比如说对奥西里斯（Osiris）、伟大母亲（gross Mutter）或米什拉（Mithras）的崇拜：正是这种洞察力体现了保罗的天才。这里，他的本能是如此确凿，以至于通过对真理的无情强暴，他将那种使贱民宗教变得迷人的观念，放入他所发明的"拯救者"口中，而且不仅仅放在口中——他还将这些观念变成了一个米什拉祭司所能理解的东西……这就是他的大马士革时刻：他看出，他需要以不朽的信仰来去掉"俗世"的价值，"地狱"概念必将成为罗马的主人——"彼岸"的概念杀死生命……虚无主义者和基督教：他们正好合拍，而且还不只是合拍……

59

古代世界的全部工作都白费了：我无言表达这一惊人之举在我心中激起的情感。——而且，如果考虑到古代世界的工作还只是准备性的，还只是抱着坚定的自觉意识来为一种持续千年的工作打下的基础，那么古代世界的全部意义就都白费了！……希腊人为了什么？罗马人为了什么？——所有有教养文化的前提、所有的科学方法都已经在那里准备就绪，伟大、无与伦比的精读艺术已经确定——这是文化传统、科学统一性的前提；与数学和力学结盟的自然科学已经步入正轨——事实感（der Tatsachen-Sinn），一切感觉中最根本、最有价值的感觉，已经拥有自己的学派，已经拥有几百年的古老传统！人们理解这一点吗？所有根本性的东西都已经奠立，已经能够开始进入工作了——必须反复强调十次，根本性的东西就是方法，它是最难的，还要经历习惯和懒惰长时间的抗拒。我们今天通过无以衡量的自我克服——因为我们身上仍然拥有那些糟糕的本能、基督教的本能——为我们自己重新夺回来的东西：面对现实的自由眼光，谨慎的手，对最细微之处的耐心与严肃，在知识上的完全诚实——所有这些，在那时就已经有了！早在两千多年前已经有了。而且，那里还有一种良好、精致的节奏和趣味！不是作为大脑的驯兽技法！不是作为风格粗野的"德国"教化！而是作为身体、作为手势、作为本能——一句话，作为实在……这一切都白费了！一夜之间，只剩下回忆！——希腊人！罗马人!本能的高贵,趣味,方法上的探索,组织与管理的天才,信仰,对人之未来的意志,对于所有作为罗马帝国而清晰可见之物、对于一切感觉可见之物的伟大肯定,不再仅仅是艺术,而是成为实在、真理、生命的伟大风格……——所有这些,并非由于自然的事件,一夜之间被埋葬!不是被日耳曼人和其他乡巴佬压垮!而是被狡猾、隐秘、不可见、贫血的吸血鬼化为乌有!不是被征服——而是被吸干!……隐藏的复仇心、卑微的嫉妒成了主人!一切可怜者、自身受苦者、受恶劣情感侵袭者、全部灵魂的隔离世界(Ghetto-Welt),却一下子登顶了!——一个人只要随便找一个基督教煽动者的东西读一读,比如圣奥古斯丁,就会把握到,就会嗅到,多么不干净的家伙登上了高处。不过,如果假定基督教运动的领袖们缺乏知性,那就彻头彻尾地受骗了——哦,他们都很狡猾,狡猾到了神圣的地步,这些亲爱的教士们!他们欠缺的是一些完全不同的东西。自然忽视了他们——它忘记给他们一点微薄的嫁妆——可敬、体面和干净的本能……在我们中间,他们甚至不算男人……如果说伊斯兰教藐视基督教,那么它有千万种理由这样做:伊斯兰教以男人为前提……

60

基督教已经从我们这里清除了整个古代文化的成果,其后它又毁灭了整个伊斯兰文化的成果。比起罗马和希腊,令人惊叹的西班牙摩尔人文化在根本上离我们更近,更能吸引我们的感官和趣味,但它也被践踏了(我就不说这是什么样的脚了——),为什么?因为它是高贵的,因为它将自己的形成归功于人的本能,因为它同样是通过摩尔人生活的罕见和精致珍品肯定了生命!……十字军后来对这种文化开战,而他们最好应该跪倒在它面前——比起这种文化,甚至我们19世纪的文化也显得相当贫乏,相当"落后"。——当然,十字军想要获得战利品,东方很富裕……抛弃偏见吧!十字军——更高级的海盗而言,除此之外什么都不是!德意志贵族——根本上是维京贵族——也具有这种因素:教会清楚地知道如何收编德意志贵族……德意志贵族总是保护教会的"瑞士人",总是为教会的每一种糟糕本能服务——不过他们得到了很好的回报……正是借助于德意志的剑、德意志的血和勇敢,教会才能够对地球上一切高贵的东西发动殊死战争!正是在这个地方,存在着大量痛苦的问题。在高级文化的历史中,几乎没有德意志贵族存在:原因很好猜……基督教、酒精——这是两种巨大的败坏工具……就其本身而言,在伊斯兰教和基督教之间,就像在一个阿拉伯人和一个犹太人之间一样,根本没什么选择余地。决定已经给出了;任何人都不能在这里随心所欲地进行选择。一个人要么是贱民,要么不是……"和罗马兵刃相见,和伊斯兰教保持和平、友谊",那位伟大的自由精神、德意志君主中的天才,腓特烈二世(Friedrich der Zweite),就是这样觉得,就是这样行动。什么?一个德国人难道必须首先成为天才,首先成为自由精神，才能获得体面的感受？我不清楚，一个德国人何以能够拥有基督教的感受……

61

这里，必须唤起一种让德国人痛苦百倍的记忆。德国人已经毁灭了欧洲曾经结下的最后一颗伟大的文化果实——毁灭了文艺复兴。人们最终能够理解、人们想要理解文艺复兴意味着什么吗？意味着：重估基督教的价值，努力用一切手段、一切本能、一切天才使对立价值、高贵价值获得胜利……迄今为止只存在过这一场伟大的战争，迄今为止没有什么提问比文艺复兴的提问更具决定性——我的疑问就是文艺复兴的疑问——：从来没有哪一种形式的进攻，比文艺复兴对整个前沿与核心地带发起的进攻更根本、更直接、更强有力！这里，对关键的地方、对基督教自身所在之处的攻击，使高贵的价值登上王位，也就是说，将高贵的价值带回到身处王位者自身的本能、最基本的需要和欲求之中……我看见眼前有一种完美的超凡魔力和五彩景观的可能性——在我看来，它似乎闪烁着令人战栗的精美，似乎有一种艺术在其中灵动，而这种艺术是如此神圣，如此鬼魅般地神圣，以至于人们要想寻求第二种这样的可能性，即使花上千年也是徒劳；我看见一幅场景，它具有那么丰富的意义，同时又是那么令人惊奇地充满悖谬，以至于它会促使奥林匹亚诸神都会发出不朽的笑声——这幅场景就是：恺撒·博儿亚成了教皇……有人理解我吗？好了，这似乎就是我今天唯独渴望取得的胜利——：借此将基督教扫除干净！发生了什么？一个德国修士，路德，来到了罗马。这个教士怀着一个不幸的教士的所有复仇本能，在罗马发动了反对文艺复兴的起义……他不是怀着深厚的感恩之情来理解业已发生的非凡之举：基督教在它的源头被克服——，相反，他的恨能够理解如何从这一场景中仅仅汲取自己的营养。一个宗教人只会想到自己。——路德只看到了教皇体制的败坏，而他所抓住的恰恰是相反的东西：古老的败坏、原罪、基督教不再坐在教皇的宝座上！恰恰相反，这是生命！这是生命的凯旋！这是对所有高尚、美丽、大胆之物的伟大肯定！……路德重新建立了教会：他攻击它们……文艺复兴——一个没有意义的事件，一场巨大的白费！——啊！这些德国人，他们已经让我们付出了多少代价！白费——这总是德国人的作品。——宗教改革；莱布尼茨；康德和所谓的德国哲学；"自由"战争；帝国——每一次都使某种已经存在的东西、不可恢复的东西变成一种白费……我承认，这些德国人就是我的敌人：我鄙夷他们之中一切类型的概念和价值肮脏、面对诚实的肯定和否定的胆怯。将近一千年以来，他们将双手所能触及的一切都变成无序和混乱；他们要为一切半心半意——八心三意（Drei-Achtelsheit）！承担责任——欧洲已经患上了这种病症——他们还要为有史以来最肮脏的基督教形式，为最不可救药的、最难以反驳的基督教形式——新教——承担责任……如果不能终结基督教，德国人应该难辞其咎……

62

——这样,我就到了结束的地方,并且给出我的判决。我谴责基督教,我针对基督教会提出了所有控方口中所能够提出的最令人恐惧的指控。对我来说,基督教会是能够想象得到的败坏中的最败坏者,它拥有终极以及唯一可能的败坏意愿。没有任何东西,不被基督教会的败坏所沾染;它将一切价值都变成无价值,将每一种真理都变成谎言,将每一种诚实都变成灵魂的卑贱。哪个人还敢向我说什么"人性"的祝福!它最深层的用处就是反对消除任何困境,它依靠困难为生,它创造困难来使自己成为永恒。……例如,罪的蠕虫:正是教会率先用这种困难充实人性!——"在神面前灵魂平等"——这种伪造,这种所有卑贱灵魂的仇恨的借口,这种最终成为革命、成为现代整个社会秩序之观念和衰落原则的概念炸药——就是基督教的动力……基督教的"人性"祝福!从人性里孕育了一种自相矛盾,一种自我摧残的技艺,一种不惜一切代价撒谎的意志,一种反意志,一种对所有美好的和诚实本能的蔑视!对我来说,所有这些似乎就是基督教的祝福!——作为教会的唯一实践,寄生病凭借它那贫血的理想、"神圣"的理想,吸干了生命所有的血,所有的爱,所有的生命希望;彼岸是否定所有现实的意志;十字架是有史以来最阴暗之阴谋的醒目标志——这一阴谋就是要反对健康、美、发育良好、胆量、精神、灵魂的善,反对生命本身……

这种针对基督教的永恒指控，只要有墙，我就要写在所有的墙上，——我要让写下的字母，即使瞎子也能看得见……我称基督教为一个最大的诅咒，一个最根本的败坏，一种最大的复仇本能，与它相比，没有什么手段更有毒、更隐秘、更阴暗、更猥琐了——我称它是一个人性的不朽污点。

而人们从这个开启灾祸之门的不幸日子（ *dies nefastus* ）开始计算时间——从基督教的第一天开始——为什么不反过来从它的最后一天开始？从今天起开始？——重估一切价值！

《反基督教法令》

发布于拯救之日,第一年的第一天(——错误纪年的1888年9月30日)

对恶的战争:恶就是基督教

第一个命题:——任何形式的反自然都是一种恶。教士是最邪恶类型的人:他教导的是反自然。反对教士不需要理由,而是需要收容所。

第二个命题:——以任何形式参与侍奉神事都是一种对公共道德的谋杀。应该对新教徒比对天主教徒更严厉,对自由派新教徒比对正统派新教徒更严厉。当一个基督徒靠近科学时,他的犯罪特征就成倍地放大。因此,罪犯中的罪犯就是哲学家。

第三个命题:——基督教孵化其妖孽之卵的受诅咒之地,作为地球上让一切后世感到恐怖的邪恶之地,应该被夷为平地。应该在这平地上饲养毒蛇。

第四个命题:——在布道时宣扬贞节是一种意在反自然的公共挑唆。任何对性生活的鄙视,以及任何通过"不洁"

概念使性生活变得不洁的做法，都是一种违反生命之神圣精神的真正罪过。

第五个命题：——同一位教士同桌进餐要受到放逐；由此也要被逐出诚实的社会。教士是我们的贱民——他应该被放逐，被饿死，被驱赶进任何一座沙漠。

第六个命题：——对"神圣"的历史的称呼，应该用它应得的名字，应该用"被诅咒的历史"；应该把"神"、"救世主"、"救赎者"、"圣徒"等词语当作辱骂之言，应该把它们当作罪犯的标记来使用。

第七个命题：——余下皆由此推出。

敌基督者

导 读[*]

吴增定

引论：尼采与《敌基督者》

第一部分：第1至13节

第二部分：第14至23节

第三部分：第24至35节

第四部分：第36至49节

第五部分：第50至62节

---

[*] 根据作者在2011年8月中国文化论坛"第五届通识教育核心课程讲习班"上的讲课稿整理而成。曾以《〈敌基督者〉讲稿》为书名由生活·读书·新知三联书店于2012年8月刊行。——编者

引论：尼采与《敌基督者》

《敌基督者》是尼采晚期的一篇文本。确切地说，这是尼采发疯之前写的一部构思比较系统和完整的作品。我想首先从文献的角度，把这个文本的相关背景跟大家简单地介绍一下。

我们知道，尼采于1889年1月6日突然发疯，并被他的好朋友欧维贝克（Franz Overbeck）接回德国。他在发疯前不久，也就是1888年9月，完成了《敌基督者》的写作。所以，有不少人断定尼采的《敌基督者》是疯言疯语，痴人说梦，完全不值得研究。从行文上看，《敌基督者》确实有一点"疯狂"的痕迹。大家稍微浏览一下就会发现，尼采几乎是通篇从头骂到尾，骂得很激烈，很多骂人的话都是别人学不来的。

抛开这些修辞性的话语不谈，单从尼采哲学和思想自身的语境来看，《敌基督者》可以说是他后期最重要的著作之一。为了说明这一点，我们不妨把《敌基督者》和其他的文本做一个简单的比较。根据大多数研究者的看法，尼采的思考和写作大致可以分为三个阶段。第一个阶段是从《悲剧的诞生》到《不合时宜的观察》，这是尼采的早期阶段；第二个阶段是19世纪80年代的前五年,这是尼采思考和创作的巅峰时期。他在这个时期的主要作品包括《人性的、太人性的》(一、二卷)、《曙光》、《快乐的科学》和《查拉图斯特拉如是说》等。这其中,大家最熟悉的应该是《查拉图斯特拉如是说》。它也是尼采本人最看重的一本书。他在《瞧!这个人》中对这本书有过专门的评价。他说《查拉图斯特拉如是说》代表了他的哲学思想的"肯定部分",也就是他所赞成的观点。《查拉图斯特拉如是说》的核心思想就是所谓的"超人"。什么是"超人"呢?用尼采的话说,就是"权力意志"对它自身的"永恒轮回"的无限肯定,说得通俗一些,就是有限的生命对自身的无限肯定。这也是尼采哲学的中心思想。第三个阶段是《查拉图斯特拉如是说》之后直至发疯之前。尼采在《瞧!这个人》中说,他在《查拉图斯特拉如是说》之后写的东西都是"否定性的",都是为了反对某种东西。用他自己的话说,他要进行"价值重估"。什么叫"价值重估"?尼采的意思是,所有被传统道德、形而上学和基督教等认定是善的东西其实都是坏的,而所有被它们贬低、批判为恶的东西都是好的。所以,"价值重估"的目的就是把所有被基督教和传统形而上学颠倒的价值颠倒回去,恢复它原来和固有的秩序。

在《查拉图斯特拉如是说》之后,尼采的所有作品都具有"价值重估"的特点。《敌基督者》也不例外。实际上,《敌基督者》的原始标题就是"价值重估"。这话从何说起呢?我们知道,国内以前翻译过一本尼采的书,标题是《权力意志——重估一切价值的尝试》，后来不再出版了。之所以不再出版，是因为大家后来都知道，这本书在西方学界早就被断定是一部伪作。也就是说，它最初是尼采的妹妹伪造的。她把尼采的一些格言和遗稿，按照她自己的想法加以删改、整理和编辑。很多人对尼采的解释、误解和批判，比如说他是法西斯主义和反犹主义等，都是以这本书为根据的。当然，说这本书是伪造的，或许有点过了。因为书中的原话的确是尼采本人的，但它们的编排顺序和结构却是她妹妹确定的。比如说，她把尼采批评犹太人和犹太教的言论都集中在一起，让人误以为他是一位反犹主义者。因为她和她的丈夫（也就是尼采的妹夫）都是反犹主义者。但是，尼采本人恰恰不是反犹主义者。他在很多地方，包括在《敌基督者》中，都批判了反犹主义者的无知和浅薄。后来，经过两位意大利学者科利（Giorgio Colli）和蒙提纳里（Mazzino Montinari）的出色考证，这一切才真相大白。

不过很有意思的是，《权力意志——重估一切价值的尝试》这本书的标题和副标题，的确是尼采自己最初拟定的。他在写完《查拉图斯特拉如是说》之后，一直有个想法，想写一本代表作，系统和完整地表达自己的哲学思想。他给这本书拟定的标题就是《权力意志》，而副标题就是"重估一切价值的尝试"。在写完《查拉图斯特拉如是说》之后，尼采一直在为写这本书做准备。但是后来，他仅仅写了一部分就放弃了，所以这本书并没有完成。不过，他仍然把已经写完的部分整理出来，分成两本书发表，一本是《偶像的黄昏》，另一本就是我们今天要讲的《敌基督者》。所以，《偶像的黄昏》和《敌基督者》都是对西方文明的"价值重估"，但它们的侧重点有所不同。《偶像的黄昏》针对的是自苏格拉底和柏拉图以来的西方哲学或形而上学传统。这本书中最有名的一篇是《苏格拉底的问题》。在这篇文章里，尼采延续了他对苏格拉底和柏拉图的一贯批评，把他们所开创的哲学或形而上学看成是希腊文明衰败的开始。《敌基督者》则是针对犹太教和基督教传统。这两本书合起来，差不多就是一个对西方文明的"价值重估"。那么，尼采是在什么意义上进行"价值重估"的呢？这就涉及他的基本哲学思想了。

提到尼采的哲学，我们首先会想到尼采在《查拉图斯特拉如是说》中几个核心的观点。他的哲学出发点，是对传统形而上学和宗教的批判。尼采认为，它们的基本前提是自然和道德，或此岸与彼岸的对立。上帝就是传统道德的代名词，它构成了某种超越自然或尘世之上的绝对意义或价值。尼采在《查拉图斯特拉如是说》一开始就说，查拉图斯特拉在山上待了十年，然后开始下山布道。他的第一个教诲就是"上帝死了"。我们在后面就会讲到，"上帝死了"也是《敌基督者》这个文本的思想背景。尼采所说的"上帝"，无论在基督教还是在犹太教之中，都代表了某种超出自然、超出尘世、超出有限生命之上的东西，也就是与尘世或此岸相对立的彼岸世界。所以说，尼采所说的"上帝"不仅仅指犹太教和基督教中的那个人格神，而且包括自苏格拉底和柏拉图以来的整个西方哲学或形而上学传统。这两个传统虽然看上去水火不容,但都有一个共同特点,也就是说,它们都在自然之上附加了某种超越自然的东西。这种超越自然的东西就是道德。所谓"价值重估",其实就是否定强加在自然之上的道德。

很多学者都说,学术研究的基本精神是要区分事实和对事实的解释,也就是区分事实与价值。这就是我们通常所说的"价值中立"。其实,尼采也是持这种主张。这个说法听起来或许让人有些奇怪。尼采不是一直说要"价值重估"吗?怎么会赞成"价值中立"呢?但尼采的真正意思是,真正的"价值中立"就是"价值重估"。按照他的看法,西方传统宗教和形而上学所追求的真理,实际上无非是人的一种解释,一种价值;这种价值是人自己创造出来的,是人把自己的价值或解释强加在自然之上,强加给世界。为什么会出现这样的情况呢?原因还是在人身上。说到底,我们都是有限的个人。我们都知道,包括人在内的世界万物都是有限的,都是终有一死的。出于生存和安全的本能需要,我们总是希望有一个更真实和永恒的东西存在;它不是我们所在的这个世界,而是在彼岸,是一个彼岸世界。这个彼岸世界就是道德世界,或者说,就是上帝。实际上,尼采揭示出了我们作为人的自相矛盾之处。本来,我们发明道德、宗教和形而上学这样的东西,是用来保护我们的生命的。因为活在一个变化无常的尘世间,我们有一种深深的不安全感和焦虑感。所以我们希望有一种更真实的生命,一个永恒不朽的彼岸世界。但是最后,恰恰是宗教、道德和形而上学等彼岸世界变成了对我们有限生命的否定,使得我们认为它毫无意义。

在《历史对于生命的用途和滥用》这篇早期的文本之中,尼采把人和动物进行了比较。他说,人和动物最大的区别是,动物的记忆非常短暂,而人的记忆和意识却很持久。举一个例子,有一头羊可能在一年以后被杀死。设想一下,倘若它知道一年后自己会被杀死,结果会怎么样?它肯定要闹革命,肯定要反抗的。问题是,它并不知道这一点!动物的记忆很短暂。它既没有长久的过去,也没有长久的未来,只有短暂的现在。它既不知道自己从哪儿来,也不知道自己往哪儿去。它永远活在当下。这听起来很有一点佛教的精神——"刹那即永恒"。在尼采看来,恰恰是动物对过去和将来的"无知"保护了它自己,使得它不会承受历史和变化之苦。但是,人不一样。人就是太"有知"了。人知道自己"本是尘土,还将归于尘土"。人的记忆和思想过于长久,所以总想知道自己从哪儿来,到哪儿去。人清楚地意识到,他的生命与历史的长河相比显得多么短暂。这种时间和历史意识,给人带来了巨大的焦虑感。尼采认为,传统的道德和宗教就是为了应对人的这种焦虑感。传统道德和宗教会告诉人:你所活的短暂一生都是不真实的,更真实的生活是灵魂不朽,是死后的生活,是永恒的彼岸世界,是上帝,如此等等。

不过尼采同时看到,传统的宗教和道德也产生了一种相反的效果。它发明出来一个绝对价值,但这个绝对价值却反过来成了对我们当下生活的限制和否定。这样一来，我们便会把那些想象的东西看成真的，却把真实的生活世界看成是假的。尼采要做的工作，就是把那些被传统宗教和道德颠倒的东西再次颠倒过来。因为包括基督教在内的传统宗教和道德，都是一种保护软弱者的东西。只有软弱者出于生存的焦虑感，需要道德和宗教上的安慰。强者能够直接面对和肯定现实，不需要欺骗和安慰。所以，尼采的"价值重估"就是重新确立价值等级秩序，使得它不再贬低和否定生命的意义和价值，而是反过来积极地肯定它。

现在，我们回到《敌基督者》的文本。尼采对基督教的基本看法是，基督教在根本上也是来源于人对自身有限存在的恐惧和焦虑感，也是一种想象和伪造。当然，这种想象和伪造不是一蹴而就的，而是经历了漫长的时间，其源头最早可以追溯到犹太教。

犹太教的上帝或耶和华是犹太人的保护神。最初，他同希腊的诸神一样，都代表了一种肯定生命的价值。比如说，耶和华想怎么做就怎么做，想发洪水就发洪水，想杀人就杀人，看起来有点像是无恶不作似的。但在尼采的眼里，这样的神恰恰是最真实的。因为神本来就是这个样子，神本来就是想怎么样就怎么样。这也是希腊人对神的基本看法。希腊神话中的诸神是尼采最喜欢的神，因为希腊人的神，比如《荷马史诗》中的诸神，都是非道德化的，没有道德色彩，甚至在我们看来是不道德的。比如说，宙斯一看见漂亮女子马上就去勾引，勾引不成就硬来。在我们看来，这简直是不可思议的：神怎么能做这么不道德的事呢？但尼采说，这才是真正的神、健康的神。

犹太人刚刚立国的时候，他们的神，耶和华，也是为所欲为的，是非道德的。但是后来，厄运来了。犹太人频繁地被异族征服，回不了故乡。在漫长的流亡过程中，他们关于神的观念也发生了变形。因为处在一种极度的绝望之中，他们觉得：只要相信神，神就会拯救他们。这样一来，他们就改造了神的观念。他们的神不再为所欲为、想怎么样就怎么样，而是变成了一个道德的神。犹太人的神耶和华告诉他们说：你们之所以遭遇这样的厄运，是因为你们在道德上有罪；你们要想回到自己的故乡，就必须受到惩罚，必须进行忏悔。最终，犹太人的神就被道德化了，打上了浓厚的道德色彩。基督教的上帝只不过是对犹太教上帝的进一步道德化，并且它的道德化、它对此岸世界的否定要比犹太教更彻底和更激进。这样的否定在《福音书》之中已经完成，在保罗那里更是达到了巅峰。在基督教之中，否定和仇恨尘世的上帝不仅变成了末日审判者，而且变成爱的象征。在尼采看来，整个中世纪以及现代西方文明的历史，从宗教上讲，无非就是犹太教上帝的一步一步变形、一步一步被道德化的历史。

我们一直觉得，现代启蒙运动和现代性是反基督教的。从一方面看，的确如此；但从另一方面看，问题却不是那么简单。尼采就认为，现代启蒙运动恰恰是对基督教的继承和改造，这种继承和改造开始于马丁·路德，完成于卢梭和康德。尼采在很多地方都说过，卢梭和康德以道德的方式把基督教的上帝又保留下来，把基督教的价值改造成一种"道德形而上学"。卢梭虽然反对作为启示宗教的基督教，但却肯定了作为自然宗教的基督教，并且把后者看成是道德的基础。康德的核心命题是，我们虽然无法在科学上认识上帝，但出于道德的需要却必须要相信上帝。这是一种现代平等主义和道德化的上帝。不仅如此，尼采甚至认为，几乎所有的现代意识形态，比如什么自由主义、平等主义、社会主义、左派和女权主义等，都是基督教上帝的变形。通过对基督教的批判，尼采勾勒了一个宗教意义的西方文明史。当然，这个历史是否真实，则是仁者见仁，智者见智。尼采从来不关心他所勾勒的西方文明史是否会被很多人认可。他认为，凡是希望获得别人承认的东西一定都是最差的。越"普世"的东西，越"全球化"的东西，在尼采眼里就越没有价值。

最后，我简单地介绍一下《敌基督者》的篇章结构。《敌基督者》的正文总共有62节，此外还有一个非常简短的"前言"，在正文后面还附有一个"反基督教法"。这个"反基督教法"有意和基督教的"反异端法"对应，在时间和纪年上都是反基督教的。

按照瑞士尼采专家佐默尔（Andreas Urs Sommer）的看法，《敌基督者》的正文可以分为五个部分。第一部分是第1至13节，主要讲的是为什么要批判基督教，这种批判所依据的价值标准是什么？基本原则是什么？简单地说，就是基本标准的阐发。第二部分是第14至23节，主要是以佛教为参照，通过基督教和佛教的比较来澄清基督教的价值观。第三部分是第24至35节，讲的是基督教的史前史，也就是基督教和犹太教的关系，它是如何从犹太教的历史之中演变过来的。通过这样的演变，尼采进一步揭示了耶稣作为拯救者究竟是一个什么样的类型。第四部分是第36至49节，主要讲的是基督教历史所造成的灾难。第五部分是第50至62节，这是整个《敌基督者》的核心部分，它所处理的基本问题就是信仰和真理之间的关系。

因此，《敌基督者》看起来虽然是一个宗教史的研究，但是严格来说，它是一本哲学著作。尼采要处理的问题，我们都非常熟悉，也就是真理问题。只是尼采认为，所有传统的哲学或形而上学，严格说来，都不是对真理的真正追求和热爱，而是一种信仰或信念，或者说是一种"信以为真"。基督教更是如此，它是一种非常典型的"信以为真"。为什么要"信以为真"呢？是出于安全感的需要。信徒不能接受耶稣死亡的"真理"、真相或事实，所以他们相信耶稣是上帝，是"道成肉身"，相信耶稣复活了，相信有绝对永恒的真理。在尼采看来，所有这些都属于他们的信念或信仰，而信仰跟真理是风马牛不相及的。所以说，《敌基督者》所讨论的是一个哲学问题，也就是真理与信仰之间的关系。

尼采的《敌基督者》通篇都是嬉笑怒骂，他的修辞效果往往使我们忽略了他的哲学意图。所以，我建议大家不妨把这些嬉笑怒骂的修辞看淡一点，不要受它们影响。当然，我在这里也要事先声明一下，我要把自己和尼采做一个切割。我只是客观地解释尼采的思想，并不是他的代言人。所以，如果有人觉得自己在感情或信仰上受到了冒犯，那么他应该去批判尼采。

第一部分:第1至13节

尼采在第1至13节,也就是第一部分,谈论了两个问题:首先是他依据什么价值标准来批判基督教,其次是按照这种价值标准来看,基督教的基本逻辑是什么。我们接下来依次分析每个小节的要点和思路。

第1节的一个关键词是"许佩伯雷人"(Hyperboreer)。这个典故出自古希腊诗人品达(Pinda)的诗。根据品达的描述,许佩伯雷人生活在冰天雪地之中,处在一种既没有生也没有死、既没有疾病也没有衰老的状态。尼采在这里做了一个对比。许佩伯雷人住在北极,北极特别冷,人在寒冷的环境下容易集中精神。与此相反的是现代人的生存状态,尼采用了一个专门术语,叫"西罗科热风",来形容"现代性的病症"。这种地中海气候的南风让人昏昏沉沉,什么也不愿意想,什么也不愿意做;既不愿意肯定,也不愿意否定。这就是现代人崇尚的"价值多元",或者美其名曰"宽容"。尼采说,现代人所患的病症就是连什么是好、什么是坏都懒得做判断。我们今天所处的时代就是一个所谓的文化多元时代,我们倡导"宽容",认为所有的价值一律平等。根本原因是,我们现代人不愿意做基本的价值判断。而在尼采看来，这是一种非常典型的虚无主义症状。虚无主义认为所有的价值一律平等，无所谓高下。这等于是否定生命有什么内在的价值。

尼采反对现代人的这种价值虚无主义，他要重新树立价值标准，他要我们做根本的价值选择：我们到底赞成什么、反对什么。在尼采眼里，这种现代性的病症就是基督教导致的后果，或者更具体地说，是卢梭和康德这些改头换面的现代基督教分子所导致的结果。他们鼓吹一种平等主义的道德，宣称所有的价值一律平等。但最后的结果却是，所有的价值都变得没有价值。尼采认为，这个道理很简单：价值本身就隐含了不平等，权利本身意味着权力、能力或特权，否则就无所谓价值和权利。

在第2节，尼采阐发了自己的价值标准。用《查拉图斯特拉如是说》中的话讲，这是一个"价值的标牌"，说明到底什么是好，什么是坏，什么是幸福。什么是好？所有能够提升人的力量、人的权力感的东西就是好的。什么是坏？一切导致人软弱无力的东西都是坏的。这是一个纯粹的描述。请注意，尼采这里使用的词是"好"（gut）与"坏"（schlecht），而不是"善"（gut）与"恶"（böse）。前一个区分是自然性的，或者说是非道德意义的，后一个区分则是道德性的。关于这两重区分，我们可以参照尼采在《论道德的谱系》中的相关论述。好与坏是一个自然性的区分，没有什么道德色彩，因此是一种正面和健康的价值判断。我们在自然上总是认为，凡是能给我们带来力量的东西就是好东西，相反损害我们力量的东西就是坏东西。我们为什么讨厌疾病？因为疾病造成我们软弱无力。但善与恶就不一样了，这是一种道德性的评价。尼采认为，基督教是用道德性的善恶判断取代了非道德性的好坏判断。因为按照好与坏的自然标准来判断，健康、强壮、勇敢、征服欲、慷慨、聪明都是好东西，而忏悔、谦卑、希望和忍让等都是坏东西。但是，按照善与恶的道德标准来看，结论却刚好相反：所有自然性的好东西在道德上都变成了恶，所有自然性的坏东西在道德上都变成了善。倘若你长得很健壮，很漂亮，也很聪明，按照自然的标准，你应该是一个很好、很优秀的人。但在基督教看来，如果你不信上帝，那么这些"好"或优点就反过来变成了"恶"。所以尼采说，基督教的逻辑就是一种"价值的颠覆"。

尼采进一步说，"幸福"（Glück）是权力增长的感觉。这里，尼采不仅反对基督教，而且反对以柏拉图和亚里士多德为代表的古典哲学传统。因为无论柏拉图、亚里士多德还是基督教，都认为幸福是一种满足。比如说，我要追求一个目标，倘若目标追求到了，我当然就会觉得很幸福。根据这种逻辑，传统哲学和宗教认为，人有一个内在和永恒的目的。只有实现了这个目的，人才会觉得幸福。但尼采认为，如果把人限定在某个确定的目的上，那就意味着人的力量开始衰退。不仅是人，万物都是这样。中国有句话叫作"逆水行舟，不进则退"。这句话可以用来形象地概括尼采的看法。他的意思是，权力或力量一旦停止增长，就开始下降，不可能永远停留在一个地方。所以，力量的前提就是对力量的不断追求,而不是满足。所以尼采说:"不是满足,而是更多的权力。"这里所说的权力或力量,德语原文叫作Macht,英文叫Power。至于究竟是翻译成"权力",还是"力量",国内学界也没有统一的看法。我个人觉得,还是翻译成为"权力"好一点,因为它更有质感。只不过需要注意的是,这里所说的"权力"不仅指政治权力,而且包括各种类型的力量或力,无论是自然性的,还是社会性的,无论是物理的,还是心理的。

如果说"好"就是更多的权力或力量,那么在尼采看来,人的好品质或优秀品质就不是道德意义的德性(Tugend),而是自然性的、非道德意义的"才能"(Tüchtigkeit)。这里要指出,"才能"恰恰是"德性"的原始含义。希腊文的"德性"(arete)一词的本义就是优秀和卓越。拉丁文的"德性"(virtù)也是指男子汉的能力和气概。所以尼采强调,他是在文艺复兴或者说是在马基雅维里的意义上使用"德性"这个词。马基雅维里认为,君主拥有的很多"德性",在绝大多数情况下其实是反道德的。比如说,守信对普通人来说是美德,但对一个君主来说很可能是缺点。因为一个诚实守信的君主很可能会给他的国家带来极大的危害,甚至是灭亡。反过来说,君主的奸诈和背信弃义虽然看起来是一种恶,但却往往给国家带来真正的和平与安宁。在动物世界,道理也是一样的。譬如说,老虎非常凶猛、敏捷,这对老虎来说当然是力量、才能或"德性",但对羊来说恰恰意味着邪恶。

在第3节和第4节，尼采批判了"进步论"。"进步论"的意思是，人类历史不仅有一个终极目标，并且朝向这个目标不断地进步。尼采反对这种看法。他认为，在人类历史当中，真正符合"德性"或更高类型的人其实非常少，因为历史早就被道德化了，更高类型的人也是一直被压制和否定。所以尼采才说，这种更高类型的人在历史之中虽然出现过，但往往是作为一种例外而不是有意追求的结果。

在第4节，尼采继续说，进步是一个现代的观念。但他补充说，凡是现代的观念都是错误的观念。这里，我们有必要澄清一下，什么是现代？按照通常的看法，现代意味着自我意识。我之所以能确认自己的存在，是因为我有自我意识，能意识到自己的存在。用笛卡儿的话说，这就是"我思故我在"。现代人之所以不同于古人，甚至由此自认为高于古人，是因为他意识到自己是现代人。相反，古人却没有这种"自我意识"。但在尼采看来，现代人的这种"自我意识"或"主体性"其实是一种价值的颠覆，一种"怨恨"，因为它以所谓的"现代人"取代了真正类型的人。事实上，尼采多次强调，整个西方文明的历史并没有显示出任何进步的倾向，毋宁说它是一个不断退步的历史。在他的心目中，西方文明在前苏格拉底的希腊悲剧时代，就不可思议地达到了自己的巅峰，而在此之后则是一直在下降和退步，一直退步到尼采自己所处的时代，也就是所谓的现代。所以说，尼采把现代看成是一切时代中最糟糕和最败坏的时代。当然，他认为在这个历史的过程中也有例外，比如文艺复兴就是一个例外——今天的欧洲人同文艺复兴时期的欧洲人相比,就差得太远了。文艺复兴在尼采的心目中为什么有那么高的地位和价值?这是因为,文艺复兴代表了一种非道德化的精神。也就是说,文艺复兴时期的人,比如说像马基雅维里那样的思想巨人,完全不是以道德的眼光而是以非道德化的眼光来观察这个世界。用尼采的话说,这是一种"超善恶"的眼光。因此,马基雅维里热情地肯定和赞美权力欲、野心和荣耀等男子汉气概(virtù)。

在第5节,尼采开始评判基督教的价值观。按照他的说法,基督教实现了"价值的颠覆","发动了一场针对更高类型的人的殊死战争"。它禁止那种追求权力和力量的本能,把这种本能贬低成恶;凡是这种本能觉得是好的东西,在它看来都是恶的。这就是基督教的基本价值判断。尼采在这里举了帕斯卡(Pascal)的例子。帕斯卡既是一位伟大的自然科学家,也是一个基督徒。除了科学著作之外,帕斯卡还写了《思想录》和《致外省人的信》等神学和宗教著作。我们对帕斯卡的了解,往往停留于他对笛卡儿的批判。帕斯卡的确是站在基督教信仰的立场上批判现代科学对上帝的背离,以及对人性的败坏。但是,这只是他思想的一个方面。另一方面,帕斯卡还对天主教进行了激烈的批判。在这一点上,尼采其实对帕斯卡还是非常欣赏的。他认为帕斯卡最重要的美德是不妥协,因为帕斯卡把被天主教松开的信仰之弓又给绷紧了。我们知道,天主教在宗教改革之后,也发动了一场内部的自我改革。它害怕自己被现代社会抛弃,害怕被现代科学批判，所以就努力迎合现代科学。在帕斯卡看来，这等于是完全否定了基督教信仰的根本意义。所以，他坚持要将基督教信仰同理性或现代科学的距离无限地拉开，恢复二者之间的张力。尼采非常欣赏帕斯卡的这种不妥协精神，他自己就拒绝任何思想的妥协。

但从总体上讲，尼采对帕斯卡却是持批评和否定的态度。帕斯卡认为他自己的理性被"原罪"给败坏了。他为什么这样说呢？我们可以看一看他的《思想录》。帕斯卡在这本书中说，现代科学和人的理性完全被人的野心和贪欲等原罪败坏，成了一种征服自然、改造世界的工具。在一定的程度上，帕斯卡已经预见了卢梭等人对现代社会的批判：现代文明越进步，它对人的败坏越大。但尼采却说，帕斯卡完全是误入歧途和自我误解。他没有意识到这样一个事实：他本人实际上是被基督教败坏的。

第6节有一个核心概念，叫作败坏（Verdorbenheit）。尼采所说的"败坏"当然不是基督教所说的原罪，不是道德上的堕落，而是一种非道德意义的败坏。他用一个法文词décadence，也就是"颓废"，来表示这种非道德意义的败坏。假如一个动物、物种或个体丧失了自己的本能，选择或者喜欢那些对自己有害的东西，那么这就叫"颓废"。尼采进一步认为，人和万物一样，他的本能就是追求力量，所以会喜欢那些能够增加自己力量的东西。但是反过来，如果一个人喜欢的是削弱甚至否定自己力量的东西，那么对他来说这就是败坏或颓废。因此，颓废说到底就是一种虚无主义，因为虚无主义无非就是生命的自我否定,也就是说,它喜欢那些否定自己的东西。不过按照尼采的标准来衡量,不颓废的文明似乎非常少。无论是中国儒家,还是佛教、犹太教和基督教等,在尼采的眼里,都代表了一种颓废的精神。而不颓废的文明,似乎只有前苏格拉底时期的希腊文明和文艺复兴时期的欧洲文明。就这一点来说,尼采仍然是一个不折不扣的"西方中心主义者"。

在第7节,尼采以基督教为例说明什么是颓废。他一开始就提到,"基督教被称为同情的宗教。"同情在德文中叫作mitleid,它的词根是"苦"(Leid),前缀是"共同"(mit),合在一起的意思就是"共同受苦"。宽泛地讲,一切宗教要解决的共同问题都是人生之"苦"。无论是佛教,还是基督教,核心的问题都是苦。人生为什么苦?因为人有欲求。人要活着就要追求东西,追求力量。人生在世最大的苦就是生命过于短暂。相应地,我们追求力量的根本目的,就是想克服这个最大的苦。但是,这是一种无法克服的苦。归根到底,所有的宗教都是为了应对人生在世之苦。首先,它们需要以某种方式来理解或解释苦的原因。其次,它们需要告诉人们以何种方式来避免或克服苦。在后面几节,尼采讲到了佛教是怎么解决这个问题的。我先在这里简单地提一下。佛教解决苦的方式是让你看穿看透人生。你有很多幻觉,你总觉得存在着某种永恒不变的东西,只要得到了它,自己就能超越终有一死的尘世生活。但是,佛教告诉你,这一切都是你的幻觉,根本没有这回事。你把这个道理悟明白了,那么你对生与死就不再特别执着，这样你就克服了苦。佛教把苦当成一种纯粹的事实，不会加以解释。在它看来，人生本来就是苦，没有任何道理和缘由。

基督教对待苦的方式刚好相反。它首先向你解释原因，说明人生在世为什么会有苦。他认为，人之所以受苦是因为人有罪，因为人不听上帝的话。因此，人要想摆脱苦，就必须忏悔自己的罪，必须信仰上帝。而在尼采看来，所谓上帝不过是那些充满野心的祭司、教士和神学家的代名词。中国人常说："人生一世，草木一秋。"尼采其实也是这个意思。他认为这是一个纯粹的事实，既谈不上善，也谈不上恶。佛教认为这是苦，但它应对苦的方式，是让人看穿人生在世的苦，不再执着于生。

与佛教不同，基督教对苦做了一种道德化的解释。它首先告诉你，为什么有苦？答案是，因为你有罪。既然有罪，你就需要忏悔，需要拼命地贬低、否定自己的生命。尼采为什么说同情会造成"颓废"呢？因为本来人生在世就很短暂，还有生老病死相伴，再加上意外灾害、阴谋和战争等，已经够不幸的了。但是，同情却是不幸的不幸，让你看到更多的不幸。看到别人受苦，再联想到你自己的苦，这等于是苦上加苦。这么多的苦，一定会导致你厌倦生命，使你更加觉得生命本身是无意义的，是有罪的。尼采说，同情之所以导致对生命的巨大损害，就是这个原因。尼采进一步说："这种损害同作为原因的受苦的量之间，存在着一种荒谬的关系。"你受的苦越多，你就越容易厌弃自己的生命。

他举了拿撒勒人耶稣之死的例子,来说明这个道理。按照正统的基督教教义,耶稣是死在十字架上,并且是为拯救世人的罪而死。人之所以生命短暂,是因为人最初犯了"原罪",背离了上帝。现在上帝"道成肉身"变成了耶稣,变成了人,并且以自己的死替世人赎罪。这样,人的罪就没有了,就可以重新进入天堂。

但是,按照尼采的解释,耶稣之死的真正原因是:他过于同情世人,经历和见证了太多的苦,最后,这些苦多到他自己都无法承受,以至于对生命感到厌倦。尼采在《查拉图斯特拉如是说》的很多地方,都提到耶稣。(顺便插一句,耶稣也是《敌基督者》中的核心人物。)在一开始,尼采就提到,查拉图斯特拉三十岁的时候离开家乡,到了山上。他为什么要在三十岁的时候上山?这显然是为了影射耶稣,因为耶稣恰恰是在三十岁的时候离开家乡到了沙漠之中,并且接受魔鬼撒旦的考验。但让尼采遗憾的是,耶稣在旷野中只待了四十天。在这么短的时间,他哪能学成归来呢?在这么短的时间,耶稣不可能悟透人生的智慧,所以他一回来就宣扬一种否定生命的教义,比如说认为尘世生活毫无意义,声称"我的国不属这世界",如此等等。耶稣见到了太多的苦,最后这些苦竟然把他自己压垮了。所以,尼采很是替他感到惋惜。他说,假如耶稣像查拉图斯特拉待在山上那样,在旷野中也待上十年,那么他就会悟透人生的真正智慧。他最后一定会知道这个道理:尽管生命短暂,或者毋宁说恰恰因为生命短暂,生命才是有意义的,才是值得肯定的。

尼采继续说，不仅是基督教，而且整个现代文明都把同情看成是道德的基础，无论在法国、德国，还是在英美世界，都是如此。譬如，英国的休谟、亚当·斯密以及法国的卢梭，都认为道德的起源是人的同情心，叔本华也持有类似的看法。而在尼采看来，同情恰恰是一切"高贵道德"或"主人道德"的对立面。他举了个例子。在亚里士多德那里，同情就是一种很糟糕和病态的情绪。所以，亚里士多德在《诗学》中特地强调了悲剧的"净化"（Katharsis）作用。我们在欣赏希腊悲剧时，看到悲剧主人公受苦受难会感到很难过。但是，悲剧的效果恰恰是最终让我们把这种"共同受苦"或"同情"的情绪排泄出去，使我们的心情最终变得非常健康、愉悦，而不是让我们在看完之后饱受折磨，痛苦得几天几夜无法入睡。正因为如此，尼采才认为现代社会的道德基础仍然是基督教的同情，无论是圣彼得堡还是巴黎，无论是托尔斯泰还是瓦格纳，都是在宣扬这种基督教式的同情。在同情的主宰下，人们越发觉得生命是没有价值的，觉得生命是虚无的。尼采最后总结说，无论是"彼岸"、"神"、"真实的生命"和"涅槃"，都是一种虚无主义或颓废，都是对生命的否定。

自第8节起，尼采开始对现代哲学进行批判。他认为，现代哲学在骨子里仍然是一种神学，或者说，是一种改头换面的基督教神学，因此在根本上也是一种对生命的厌倦和否定。他用一个很形象的说法，把现代哲学家看成是"身体里流着神学血液的人"。尼采这里所说的现代哲学，特别是指以康德、费希特和黑格尔等为代表的德国古典哲学，或者人们常说的德国唯心论哲学。尼采认为它们都是基督教神学的脱胎转世。所有的唯心论者都同基督教的教士一样，以一种居高临下的态度来评判感觉、知性、荣誉、舒适和科学等。在康德和其他唯心论者那里，所有这些东西都被贬低成为"现象"，只有那种高居感觉、知觉和荣誉之上的"精神"（Geist），才构成了真实的存在、"事物自身"或"本体"。在尼采看来，这仍然是一种基督教的逻辑。尼采最后说："只要这种以否定、中伤和毒害生命为职业的人被当作一种更高类型的人，那么这一问题就不会有答案。"生命是一种有限的现象，但这是唯一的真实存在。对尼采来说，所有超出现象之上或之外的东西都是假的，都是人出于自己的需要发明出来的。但是，现代哲学却颠倒了二者的关系，把假的变成真的，把真的变成假的。这就是尼采的批判要点。

在第9节，尼采提到了真理和信仰的对立。我们在前面讲过，《敌基督者》是一本哲学著作，它的基本问题就是信仰与真理的关系。第9节一开始就谈到，真理是如何被伪造的：假如不是以诚实的眼睛看待实在（Realität），假如是通过信仰的透镜（Optik）看待世界，那么结果一定是真与假的关系发生颠倒。神学家或"流着神学血液"的哲学家所说的真理，不仅不是真理，不是"实在"，而且成为一种敌视和否定生命的东西。这个问题我们在最后一个部分还要重点讨论，这里就先不提了。

第10节和第11节是尼采对康德的批判。尼采对康德的看法和大多数人都不同。他认为，以康德为代表的德国古典哲学实际上是基督教的借尸还魂，因此是对生命的否定。尼采还特别提到康德的"义务"（Pflicht）概念。我们知道，康德的"义务"概念是非人格性的（unpersönlich）。康德的意思是，假如你是出于快乐而服从道德法则或义务，那么你就谈不上是道德的；如果你真正地服从义务，那就必须没有任何功利之心，必须把包括快乐和荣耀等感性的东西都否定掉。尼采由此断定，康德把人变成了一个服从义务的自动机器（Automat）。

在第11节的最后，尼采还提到了康德对法国大革命的解释和辩护。在尼采的心目中，法国大革命本来就是一场奴隶起义、群盲造反，是最糟糕和最劣质的革命。因为人和人之间本来就不平等，而法国大革命的目标恰恰是追求平等。但是，康德却在道德上为法国大革命进行辩护。他认为，法国大革命是人类历史从无机到有机、从无目的到有目的的追求，因此体现了"人类朝向善的趋势"。尼采批评说，康德不仅把历史道德化，而且把平等看成是人类历史的终极目标，但是，这种平等的道德恰恰代表了一种反自然、反生命的价值。

在第12节，尼采进一步指出，包括德国哲学家在内，几乎所有的哲学家在本质上都是一种"教士"。因为他们都缺乏"理智的诚实"，都把真理变成了一种信仰。这个问题，尼采在《论道德的谱系》里也谈得很多。他也由此告诉我们，真正以追求真理为己任的哲学家是多么的稀少，绝大多数所谓的哲学家都不过是改头换面的神学家或教士。

在第13节，尼采一开始提到了"自由精神"（frei Geist）。"自由精神"是哲学家的前提，但还不是真正的哲学家。因为"自由精神"代表了对传统道德和宗教的彻底否定，而哲学家则必须是肯定的精神。在尼采心目中，"自由精神"的典型是伏尔泰。他为什么喜欢伏尔泰，讨厌卢梭？因为伏尔泰对基督教的批判最彻底。卢梭虽然也批判基督教，但他最后仍然继承了基督教的道德。"自由精神"是为真理而追求真理。相比之下，传统哲学家或形而上学家以及基督教神学家虽然也号称追求真理，但他们不是为真理本身追求真理，而是出于道德的目的追求真理。也就是说，他们把真理道德化了。它们关心的不是真理，而是真理应该为谁服务。所以尼采说，他们要求真理具有一种"审美趣味"，一种"诗情画意的效果"。他们要求，真理必须要让人感到满意，必须让人觉得非常快乐，必须能满足人的道德感。我们都知道尼采的一个著名说法：真理本身很可能是丑陋的东西，是让人不舒服的东西。所以说，尼采认为，追求真理的前提是，必须把真理跟人对真理的设定、需要或信仰区分开来。我们在前面说过，《敌基督者》这个文本的主要目的就是进行"价值重估"。而根据尼采的看法，所谓"价值重估"其实就是把真理和人对真理的感受和道德判断区分开来。

第二部分：第14至23节

我们刚才讲的是《敌基督者》的第一部分，它的主题是尼采按什么价值标准对基督教进行批判。接下来，我们开始讲第二部分，也就是第14至23节。在这一部分，尼采以佛教为参照系，对基督教的虚无主义或颓废精神进行了新的诠释。

在第14节，尼采一开始把人和动物进行了比较。因为按照传统哲学和宗教的说法，人之所以比动物优秀，根本原因是人有理性，人有自由意志，也就是说，人有道德感。这种道德感不仅会使人超越自己的本能，而且能够对他的本能进行道德评判。看起来，这好像是人高于动物的地方。但也恰恰因为如此，人会反过来给自己造成致命的损害。动物从来不会偏离自己的本能。对动物来说，凡是能满足生存、能给自己带来力量的东西就是好东西，相反的就是坏东西。动物不会认为能给自己带来力量的东西是不好的，是坏的，是恶的。但人不是这样。尼采说，这恰恰是因为人有理性。实际上，理性也是人在与环境的相互作用中形成的。人的生存和动物一样，都需要适应环境。动物对环境的适应总是非常恰当的，它们的功能一点不多，一点不少。比如说，鼹鼠因为在地底下生存，所以它们没有眼睛。它们不需要眼睛，光有触觉就足够了。人的根本问题是，他所拥有的认识能力在满足自己的本能需要之外，还有很大的富余。恰恰是这种富余的认识能力，反过来给人带来了巨大的危害。所以，尼采说人是最失败的动物，因为他非常危险地偏离了自己的本能。他要把人重新赶回到动物世界，使人的认知能力、精神能力和他的本能完全相称。这是尼采批判基督教的思想根据。

在第15节，尼采在心理学意义上阐释基督教的基本逻辑。在他看来，这是一种虚假和想象的逻辑，一种错误的因果关系。基督教所说的一切，包括神、灵魂、自我、罪、拯救、恩典等，都丝毫没有触及现实（Wirklichkeit）。也就是说，基督教通过道德化的方式在现实之上确立一个新的道德评判标准，一种新的因果关系。比如说，一个人出门遇到车祸，这本来是一个非常偶然的自然事件。但是按照道德化的解释，那你一定是有罪了，一定是做了什么坏事，所以上帝来惩罚你。《圣经》说上帝通过发洪水来惩罚人，这个逻辑也是一样的。就这样，基督教确定了一种道德的因果关系，并且依此解释和评判自然或现实。基督教为什么要确立这种道德因果关系？因为它无法忍受现实，无法忍受人生苦短的事实，所以要对它进行解释。尼采在讲到基督教的兴起时，也提到了这一点。在他看来，整个基督教的历史，就是一个对耶稣进行错误的因果解释的历史。比如说，耶稣为什么被杀死？这个原因本来是再正常、再自然不过了：因为耶稣否定了犹太人的律法，挖了犹太人的老根儿，所以犹太人一定要置他于死地。这完全是一种自然而然的冲突。但在信徒的眼中，耶稣是神，而神是不死的。现在，他却突然被钉死了。这个事实或"现实"是信徒无法理解和接受的。所以，他们坚定地相信，耶稣的死肯定不是事实，他肯定没有死，他不仅已经复活了，而且还会再来的。那么，耶稣为什么死亡和复活？因为他为我们赎罪。我们为什么有罪？因为我们背叛了上帝。如此等等。通过这样的方式，基督教完成了对现实和自然的道德解释。

在第16节，尼采特别讲到了犹太人的神如何一步一步地被道德化，最后变成了一种无能的东西，成为一种道德的"善"。这是他对犹太教和基督教的神的总体看法，也是对它们的总体批判。尼采认为，原始犹太人对神的理解，跟希腊人并没有根本区别，都把神看成是一种自然性的力量。最初的时候，这个民族非常积极、非常自信、非常有力量，所以它的神也是健康的神，是力量的化身。从这里，我们也可以看到，尼采虽然反对基督教，但他并不反对宗教本身。关键是，宗教的目的是什么。宗教原本是一种感激的形式，人恰恰因为感激自己才需要一个神。人觉得生活得很自足，而且是出于这个原因才觉得需要感谢神。人感谢神，说到底是人感谢自己。这是希腊人对神的典型看法。尼采之所以欣赏荷马笔下的神，是因为它们都是非道德和"超善恶"的。神做的很多事，在人看来在道德上都是很坏的，甚至是邪恶的。但问题是，这些事情只是在人看来在道德上是坏的和邪恶的，但在神那里却是再正常、再自然不过了。在《查拉图斯特拉如是说》中，尼采提到了希腊诸神死亡的原因。他认为希腊诸神是死于犹太人的神，死于作为道德之神的耶和华。这个结论听起来似乎是老生常谈，卑之无甚高论。不过，他对希腊诸神之死的具体叙述，却很有喜剧色彩。犹太人和基督教的神对希腊诸神说：我是耶和华，只有我才是真正的神，是唯一的神，你们都是假的神，不是真正的神。希腊诸神听了之后，觉得实在太可笑了。他们反问说，"有诸神而没有一个神，这不就是神性吗？"最后，诸神竟然全都笑死了。

尼采说，希腊人的神以及原始犹太人的神都是非道德色彩的神；一旦被道德化，那就意味着神被阉割了。比如说，神再也不做坏事，只做好事，他是道德上完美的存在，不知道权力、野心、愤恨、妒忌和暴力等为何物。尼采反问说，如果神变成了这个样子，那么你还有什么必要信仰它呢？所以，犹太人的神是和犹太民族的命运联系在一起的。在《福音书》中，犹太人的神变成了一个胆小鬼，宣扬灵魂的和平，宣扬忍让、宽容和博爱。在保罗那里，犹太人的神最终变成了一个"世界公民"。在一般人看来，从犹太人的民族神到基督教的普世之神的转变应该是一个巨大的进步。但对尼采来说，这却是一个巨大的倒退，因为这个神变得越来越没有生命了。

在第17节，尼采提到一个基本事实：一个民族的神总是跟这个民族的命运联系在一起；假如一个民族不断地否定自己，那么他们的神就一定是道德化的神，一定变成弱者用来征服强者的手段。在第17节的后半段，他就讲到，无论基督教的神发生了多少变形，但它说到底仍然是以色列人的神。他举了法国学者勒南（Ernst Renan）的例子。勒南写过一本书，叫作《基督教的起源史》，它的第一卷就是《耶稣的生平》。在这本书中，他把从犹太教的神到基督教的神的转变看成是一个进步。显然，勒南代表了一种主流的看法，认为越全球化、越普世的东西就越是好的。尼采正好相反，他觉得越全球化、越普世的东西就越糟糕，因为在他看来，只有最低的价值才能被普遍接受，而越高的价值就越是曲高和寡。神的"普世化"恰恰意味着，力量和勇敢等美好的东西都从神的内涵中被删除了。尼采批判的不仅仅是基督教的神，而且包括现代哲学家所说的神。它们与基督教的神有一脉相承的地方。我们看到，神或上帝的疆域变得越来越大：他不再只是犹太人的上帝，而是同时成为外邦人的上帝。最后，这个抽象和没有生命的普世之神一直蔓延到整个世界，就连哲学家和形而上学家也接受了它。

尼采在这里特别提到了斯宾诺莎。顺便提一句，尼采其实一开始非常喜欢斯宾诺莎。他第一次读斯宾诺莎的东西，就完全被迷住了。他在给好朋友欧维贝克的信中就说，斯宾诺莎就是他真正的思想先驱，他们在思想倾向上完全一致，比如说，他们都是彻底的反目的论，都把知识看成是一种激情或权力欲。但是后来，尼采却越来越不喜欢斯宾诺莎。他认为，斯宾诺莎的哲学仍然把生命看成是一种理性的自我保存，而不是权力意志。斯宾诺莎说，哲学是一种对神的理性追求或"理智之爱"，而理性则是"在永恒的方式下"看待世界。尼采讽刺斯宾诺莎说，"在永恒的方式下"其实就是"在斯宾诺莎的方式下"。"在斯宾诺莎的方式下"看待世界，就好像是蜘蛛不断吐丝，直到最后吐出一个关于神的形而上学体系，把神完全裹起来。在这个形而上学体系中，神变成了一个抽象的实体，完全没有生命力。而在康德与黑格尔等德国唯心论形而上学家那里，神变得更加苍白无力——它变成了"理想"、"纯粹精神"、"绝对"和"自在之物"。

在第18节和第19节，尼采继续围绕着这个主题展开讨论。他认为，本来神和人的生命完全是一体的，但最后神却变成了生命的对立面。他特别提到了北欧的诸民族，比如丹麦、瑞典和挪威等。北欧民族本来是海盗，而海盗是没有任何道德禁忌的。但是，他们后来仍然被基督教成功地改造。这个事件在他们自己看来是一种历史的进步，但在尼采看来却是一个巨大的堕落。因为从此以后，他们就以和平取代了战争，以道德取代了自然本能。所以自从他们接受了基督教之后，就再也没有创造出新的神。法国当代学者高谢（Marcel Gauchet）说，基督教是"终结一切宗教的宗教"。他的意思其实和尼采是差不多的。自从基督教取得统治地位之后，西方世界的确再也没有出现过新的神。只要有新的神出现，一走被看成是女巫和魔鬼什么的。

第20至23节是第二部分的重心所在。在这几节，尼采把基督教和佛教进行了比较。尼采的佛教素养相当深厚。虽然他本人不懂梵文,没有阅读过佛教原文,但他读了不少关于佛教经典的德文翻译,对佛教有很深的理解和领悟力。不过,他对佛教的看法受到奥尔登堡(H.Oldenberg)的影响。奥尔登堡是德国一位卓有成效、学识渊博的印度学学者,他的代表作是《佛陀:他的生平、学说及其影响地区》。尼采一开始就把佛教和基督教进行比较,认为它们共同的特征都是一种虚无主义或"颓废"的宗教。佛教的研究者很可能不会同意尼采的观点。我们先不管这些,只是想搞清楚尼采本人的意思。什么叫虚无主义?但凡趋于颓废,宣扬一种否定生命和厌弃生命的东西都是虚无主义。尼采认为,在这一点上,佛教和基督教没有什么区别。只不过佛教的智慧非常高超,不像基督教那么野蛮和落后。这是它们的根本区别所在。为什么这么讲呢?因为佛教没有彼岸世界,没有此岸和彼岸之分。看一看佛教的历史就可以知道,佛教兴起的时候,印度早已过了相信神的阶段。佛教中没有神,没有绝对的彼岸,所以佛教中也不存在道德判断,既没有罪,也没有罚;既没有忏悔,也没有祈祷。佛教和基督教都看到人生的苦。不同的是,基督教对苦做了一种道德化的因果解释:人之所以受苦,是因为人有罪。相反,佛教并不在道德上理解苦。对佛教来说,人生即苦,这是一个纯粹的事实,无所谓善恶。

由于出发点不同,这两种宗教摆脱苦的方式也就不一样。基督教认为苦的原因是罪,所以它同罪进行斗争,不断地忏悔，试图以道德的方式解决苦的问题。那么，佛教怎么消除苦呢？佛教说，所有的苦都来源于欲望，来源于执着。但是，欲望又是怎么来的呢？答案是，欲望来自外界对身体感觉的刺激。所以在尼采看来，佛教的解决方式是尽量减少外界对身体感觉的刺激，因为刺激越多欲望就越多，欲望越多就越不容易满足，越不容易满足就越苦。所以我们可以看到，佛教没有道德上的审判。在这一点上，佛教和儒家反倒是比较契合。这两者都是"反求诸己"，有问题不寻求外在的解释，而是自己思考、自己解决。佛教寺庙的大门都是敞开的，进来可以，出去也可以，进来不阻拦，出去也不阻拦，什么时候出家就出家，什么时候还俗就还俗。中国佛教尤其这样。不像基督教，你一旦进去了，就很难出来。要是你出来，它就立刻宣布你是十恶不赦的叛教者或异端。二者之所以有这样的差别，是因为基督教中有原罪和异端的教义，而佛教中既无所谓原罪，也无所谓异端。

尼采在生理学的意义上解释佛教。他认为，佛教把所有精神性的问题都还原成生理学的问题，也就是身体性的问题。比如佛教讲，你为什么会苦？受苦是因为欲念太多，太执着。为什么欲念太多？那是因为外界对你的身体刺激太多，而刺激太多就会让你蠢蠢欲动。因此尼采指出，佛教对苦过于敏感，身体感觉过于敏锐，以至于能够察别人之不能察。尼采此说所依据的，就是佛陀的生平。佛陀当初为什么要出家？他本来是一个王子，为什么最后要放弃王位，离开家庭？就是因为他看到了太多生老病死的事实。其实，按照尼采的看法，生老病死都是自然性的事实，就像刮风下雨一样，没有什么好奇怪的。但是，佛陀的感觉太敏锐了，所以能看到别人看不到的东西，体察别人难以体察的苦。这样，他的身体就会感觉非常不适应，非常难受。我们在前面提到，人之所以比动物痛苦，就是因为人比动物敏感。尼采提到了与佛教相关的两个生理学事实：第一个事实是身体感觉的过度敏感。因为太过敏感，所以很容易受刺激，而刺激太多则会导致消沉或抑郁（depression）。如何摆脱抑郁？尼采说，佛教是通过长时间地沉浸于"概念和逻辑程序"，从而淡忘掉这种抑郁状态，最后忘掉自己的存在。这就是尼采提到的关于佛教的第二个生理学事实：过度的精神性。

总之，佛教是以生理学的方式解释苦，并且以卫生学的方式（hygienisch）来抵抗抑郁，消除苦。佛教提倡自由自在的生活，控制自己的情绪，既不要生气，也不要发怒，尽量使身体避免受到外界的过多触动，尽量避免受到刺激。所以尼采说，佛教是没有任何牵挂的。对于佛教来说，有牵挂就有欲念，有欲念就有苦；所以，最好不要有任何牵挂，把生活维持在最低限度和最简单状态就可以了。尼采认为，佛教的这种生活方式，既不需要强迫，也不需要禁欲，更不需要跟异端进行斗争。异端的说法对佛教来说，是非常可笑的。世上本来就无所谓正统，哪里来的异端？如果说你还坚持异端和正统之分，这只能说明你根本没有悟道。

尼采认为，佛教虽然也是一种虚无主义的宗教，但它把世界和人生看得比较透彻，所以才能够把一切形而上问题、道德问题或精神问题,还原为一种生理学的问题,并且最后给出一种生理学或卫生学的解决方案。相比之下,基督教的智慧实在太低级了,根本无法和佛教相提并论。

在第21节和第22节,尼采继续比较佛教和基督教的差异。佛教一开始针对的是上层人,而基督教则是针对下层人。跟佛教相比,基督教解决苦的方式刚好相反。尼采用了"决疑术"(Kasuistik)这个词来说明基督教的基本逻辑。什么叫"决疑术"?就是拷问你究竟有没有罪。基督教不断地刺激你,不断地拷问你,不断地提醒你,你的生命是有罪的,因此也不断地逼迫你忏悔。佛教是尽量避免刺激你,让你忘掉苦,所以它既没有罪,也没有罚。相反,基督教则是反复刺激你的神经,刺激越多欲念就越多,欲念越多就越觉得苦。就好像一个人身上有伤口,佛教会告诉你这不是什么大事,慢慢地你就忘掉了;而基督教则是反复提醒你:你受伤了,而你之所以受伤,是因为你有罪。这样一来,你对苦和罪的感觉非但不会消失,反而会越来越强化。对你来说,苦与罪的恶性循环无穷无尽,至死方休。

在第23节,尼采继续将基督教和佛教进行比较,然后由此总结了基督教对于信仰和真理的基本态度。在这一节的一开始,尼采就说,佛教比基督教"冷静、诚实、客观百倍"。佛教非常平静地接受了受苦的事实,不对它进行道德解释。但是,基督教完全不一样,因为它从一开始就是面向下层人。下层人跟上层人的区别是,他们两者对苦的理解和承受能力完全不一样:越下层的人越不能理解苦,所以就越承受不了苦；而越上层的人就越能理解苦，所以就越能承受苦。下层人的心理逻辑是"冤有头，债有主"。为了迎合他们，基督教发明了"魔鬼"，让它充当苦和罪的肇始者。而对面向上层人的佛教来说，所有这些都是完全不必要的。

但是尼采强调，基督教在根本上仍然拥有某种东方式的精致性。就像尼采所说的，基督教也认识到了这一点："某种东西是否为真完全无关紧要，但只要它被相信为真，就具有最重要的意义。"正因为如此，它才能将真理和信仰（信以为真）混淆起来。譬如说，真理或真正的事实是：耶稣只是一个凡人，他被钉死了。但保罗告诉你，耶稣并没有死，他复活了。基督教本来是让你相信耶稣复活了，但结果却是你把"相信"或"信仰"这个前提给遗忘了，使你觉得复活本来就是真的，并不是你的信仰或信念。同样的道理，基督教说人有罪，这本来也是一种信仰或信念，但最后却让你觉得，你有罪是真的，是一个确定无疑的事实，而不是一种信仰或信念。所以说，基督教信仰的秘密就是混淆真理与对真理的信仰或"信以为真"之间的界限。

对比基督教，尼采的"价值重估"恰恰是把"真的"和"相信是真的"或真理与信仰区分开来。在他看来，这两者是根本对立的，甚至是完全不相干的。他进一步指出，倘若一个人能明白这个道理，那么在东方他就近乎"智者"。所有东方式的智者都明白真理与信仰（或信以为真）的区别，不管是婆罗门，还是柏拉图。尼采说，这是一种"秘传的智慧"（esoterische Weiseheit）。所谓"密传的智慧"并不是指小团体内部的秘密传授，而是强调是否有能力区分真理与信仰，或者说区分"真"与"信以为真"。

　　信、望、爱是基督教的三个德性。但尼采却说，这是基督教的三个"诡计"，实质都是混淆"真"和"信以为真"。无论信仰、希望还是爱，都是真假颠倒，以假为真。尼采特别提到了希望。他举了一个例子，就是希腊神话中的"潘多拉之盒"。这个盒子里面装满各种各样的罪恶，比如贪婪、自私、野蛮和愚昧等。由于不小心，盒子被打开了，这些罪恶几乎都飞了出来。最后，盒子被关上了。只有一个最大的恶没有被释放出来，它就是希望。希望是最大的恶！这就是希腊哲人的普遍看法。因为希望让人沉浸在想象与幻觉之中，忘记了进取，忘记了正视自己。只要沉湎于希望，人就会变得无动于衷，甚至完全不关心当下的现实。但在基督教那里，希望却恰恰变成了一种美德。

第三部分：第24至35节

接下来，我们开始讲《敌基督者》的第三部分，也就是第24至35节。在这个部分，尼采叙述了从犹太教到基督教的历史。通过这个历史叙事，他进一步解释了基督教对于自然的道德化是怎么产生的，以及后果是什么。

在第24节，尼采一开始就提到了"基督教的形成问题"。他指出，解决这个问题要依据两个原则：第一个原则是，要理解基督教，必须回到基督教的发源地即犹太教；第二个原则是，只能根据某种蜕化的形式去理解耶稣的心理学类型。先说第一个原则。按照我们通常的看法，基督教是对犹太教的否定和革命，因为犹太教的神是一个民族神，而基督教的神却是一个普世之神。但按照尼采的解释，基督教的本质恰恰是把犹太教的逻辑发挥到了登峰造极的地步，是犹太教的犹太教。换句话说，基督教把犹太教推到了极端，极端到无法忍受犹太教本身，极端到对犹太教都要进行革命的程度。基督教嫌犹太教的道德化程度还不够，反过来对犹太教进行批判。所以尼采说，基督教实际上是犹太教最后的完成，它是把犹太教的逻辑发挥到了极端。

第二个原则涉及的问题是，在这样一个有关基督教形成的历史谱系中,耶稣究竟占有什么样的位置?我们怎样来理解耶稣?耶稣作为一种拯救者的类型,到底具有什么样的特征?尼采要把耶稣跟基督教进行区分。他认为,整个基督教都是建立在对耶稣的误解和背叛之上。犹太教道德化的东西本来已经被耶稣否定掉了。但耶稣死后,他的门徒以及后世的基督教,恰恰把耶稣所否定掉的所有东西重新捡了回来,不光是捡回来,还加以强化。

接下来,我们具体讨论犹太教的历史,也就是基督教的前史。尼采说,犹太人是世界历史中"最了不起的民族"。了不起在什么地方呢?因为他们的生存本能太强大了,他们不惜一切代价维持自己的存在。为了实现这个目的,他们甚至不惜伪造自己的历史。按照尼采的说法,犹太人把自己的历史给"道德化"了。比如说,犹太人最伟大的历史,就是他们能征善战的时候,即列王时期。这段历史本来是非常荣耀的,但是后来他们恰恰对它进行了否定,认为它是对上帝的背叛,认为后来他们被外族征服就是上帝的惩罚。这样一来,他们就在道德上确立了罪和罚之间的因果关系。犹太人为什么要这样伪造?因为他们当时已经没有国家了。要维持自己民族的存在,只有通过强大的信仰。他们之所以否定自己,恰恰是为了保存自己的存在。

尼采进一步指出,道德在很大程度上是犹太人创造的,而基督教只不过是把犹太人的逻辑继续发挥。所以,他有意引用了《约翰福音》的说法:"救恩是从犹太人开始的。"《约翰福音》的本义是,犹太人是神选的民族,只不过他们后来背叛了上帝，不听上帝的话，所以上帝才把拯救和选民的资格转送给外邦人。但是，尼采却是完全从字面上来理解这句话，认为基督教的"道德化"或"去自然化"来源于犹太教。在这个"去自然化"的过程中，犹太人完成了"价值的颠覆"：所有那些有利于生命的东西，如权力欲、战争、荣耀都被犹太人看成是罪恶；所有那些软弱的东西，比如谦卑、忍让、顺从和忏悔等，都被犹太人看成是美德。基督教是犹太教的完成，把"价值的颠覆"推进到无以复加的地步。

第25节一开始就说，以色列的整个历史就是"自然价值去自然化"的历史。所谓"去自然化"就是"道德化"。最初，以色列民族和其他民族一样，也是一个非常健康的民族。作为一个健康的民族，他们的神耶和华就是一种力量的象征。从《摩西五经》中，我们可以看得清楚，无论是从亚伯拉罕到雅各和约瑟的时期，还是摩西时代，甚至直到列王时代，这个民族都是积极向上的，都是向外扩张的。耶和华是一个保护者的角色，尽管他的脾气特别恶劣，动不动就发火。但是我们要想一想，那些比较厉害的人往往都这样，脾气很不好。你那么厉害，发一发火还不是应该的吗？对古人来说，这是一个很自然的想法。假如一个人特别有能力，特别有力量，他当然是想干什么就干什么。耶和华是最有力量、最有智慧的，发一发脾气还不是轻而易举的事吗？甚至看你不顺眼，发一场洪水把你给灭了。这也不是什么不可理解的事，是很自然的。

后来，事情慢慢发生了变化。因为犹太人被外族征服了。他们先被亚述人征服，后来被巴比伦人征服，结果他们所有的精英都被俘虏到巴比伦。在这个时候，上帝的形象就发生了变化。因为犹太人想要搞明白一个问题：我们为什么会遭到这样的厄运？按照自然的想法，比如说中国人的朴素看法，答案是很清楚的。中国人在被西方侵略的时候，得到的教训是，"落后就要挨打"。这是一种很自然、很正常也很健康的想法。犹太人一开始也这么想，所以他们就反抗。但是，他们一次次反抗，一次次失败。在不断反抗和不断的失败过程中，他们就在想：是不是我们做错了什么？我们之所以遭到这样的厄运，不是因为我们的力量不够强大，而是因为我们抛弃了上帝，他要惩罚我们。如果抛弃上帝就表明我们是有罪的，那么我们就要恢复对上帝的信仰。这样一来，耶和华就不再是一个活生生和强有力的保护神，直接参与到犹太人的现实生活中，而是变成了一个道德形象，变成了一个正义的法官。这是"道德化"的第一步。

假如一个民族一直被外族征服、占领和统治，一次一次反抗，一次一次失败，那么他们或许就不会坚持"落后就要挨打"的朴素想法了。他们一定会想：这一切究竟是为什么？是不是我们自己有什么过错？犹太人在无数次反抗失败之后，就在想这个问题。他们最后得出的结论是：我们是有罪的。那怎么办呢？答案是，我们要恢复对上帝的信仰；这样，我们就不用再反抗了；到了世界末日那一天，上帝一定会派拯救者来到世界，把所有那些与我们犹太人为敌的异族统统消灭掉，好让犹太人统治全世界。尼采认为，即便到了这个时候，犹太人的想法依然是可以理解的，并不是不自然的。但是，直到最终有一天，犹太人的圣殿被罗马人完全摧毁了。这意味着，他们再也回不去了。到了这个时候，他们终于放弃了政治复国的希望，觉得自己真的被上帝抛弃了。他们相信：他们之所以被上帝抛弃，是因为他们的罪孽过于深重。是在公元前一世纪，也就是耶稣诞生之前的那段时间，犹太人中间产生了非常普遍的弥赛亚心理。大家觉得没办法拯救自己，所以特别希望有一个弥赛亚，也就是救世主，来拯救他们。事实上，基督教也是犹太人这种弥赛亚心理的产物。

第26节继续讲述犹太人如何对自己的历史进行道德化的解释。他们的生存受到威胁，所以就不断地自我改造。在这一过程中，有一批教士获得了解释的权威，获得了最高的权力，把这种道德解释变得更加系统化。这样一来，犹太人的历史就变成了一个罪与罚的历史：凡是犹太人非常厉害的时候、蒸蒸日上的时候，尤其是列王时期，都是有罪的，而他们后来的亡国厄运就是惩罚。通过这样的方式，他们改写了自己的历史。关于这个问题，尼采应该是受到斯宾诺莎的很大影响。斯宾诺莎在《神学政治论》中讲到，《圣经》的历史就是犹太人自我伪造的历史。在国破家亡之后，犹太精英，也就是《旧约》中所谓的先知，被囚禁于巴比伦。为了保存自己民族的历史记忆，他们决定重修历史。修史当然需要指导思想。犹太精英的指导思想就是：以色列是上帝的

"选民"（chosen people）；他们之所以受到惩罚，是因为他们有罪，背离了上帝；只要他们恢复了对上帝的信仰，总有一天，他们还会回到自己的故乡。斯宾诺莎最后说，《圣经》从《摩西五经》到《列王记》的这段文字，显然是出自一个人之手，而这个人很可能是先知以斯拉。以斯拉的指导思想很清楚，他知道该写什么、不该写什么，知道怎么写。在他之后，其他的先知继续按照道德化的原则叙述犹太人的历史。显然，尼采的看法与斯宾诺莎基本上是一致的。

在第27节，尼采开始论述基督教的起源。基督教是在犹太教的"去自然化"和"道德化"的土壤中产生的，只不过它把这种道德化推到了无以复加的程度。换句话说，基督教就是因为太犹太教了，所以必须要反犹太教。它在什么意义上批判犹太教呢？对犹太教的批判有两种，一种是罗马人的批判，一种是基督教的批判。罗马人之所以厌恶犹太教，是因为他们觉得犹太教实在太道德化了，实在太反自然、反人性了。基督教对犹太教的批判，刚好是反其道而行之。它觉得犹太教的道德化仍然不够彻底。因为犹太教还保留了律法和祭司的等级制。尼采认为，基督教所批判和否定的，恰恰是犹太教中唯一有价值的东西，也就是犹太教的等级制。犹太教还保留了最后一点人性的东西，那些祭司、法利赛人维系了犹太民族的身份认同。而基督教却要把这些都否定掉，它反对的是犹太教中的上层人和等级制。

尼采很有意思，他说耶稣是一个"神圣的无政府主义者"，因为耶稣反对任何实在性，连犹太教的最后一点实在性都不能保留。耶稣完全无视律法的意义,但律法却是犹太教的最后一根救命稻草。可想而知,犹太人会有什么样的反应。他们一定要把耶稣杀掉,否则犹太人和犹太教都会被否定掉。由于基督教后来占据了话语权,我们就想当然地认为法利赛人坏得不得了。其实,这完全是误解。法利赛人当然不是天使,但也绝对不是魔鬼。他们和我们一样,都是有血有肉的普通人。他们为了维护自己的律法和身份认同,只能这么做。假如有人不信,可以去尝试一下,比如说在美国白宫广场上去公开批判和否定美国宪法,并且号召人们废除它,看看美国人和美国政府是什么反应。尼采就是这个意思。他认为,耶稣否定的是法利赛人和犹太人视若生命的律法,所以他被送上了十字架。换句话说,尼采认为,耶稣的死完全是罪有应得,是为自己的罪而死,并不是为别人的罪而死。

但是,历史往往就是这样诡异。由于基督教后来一直占据统治地位,控制了话语权,所以在后人印象中,法利赛人的形象就变得非常丑恶,简直成了虚伪、褊狭和不宽容的代名词。其实,这并不是历史事实。在法利赛人和一般的犹太人看来,耶稣的言行才是大逆不道。比如说,耶稣公开声称自己是救世主,是弥赛亚。对犹太人来说,这已经是一种犯上作乱。这也就罢了。因为在那个时代,犹太人中间的确弥漫着一种弥赛亚的情绪,甚至不乏一些人以弥赛亚自居,声称自己是犹太人的王,并且号召犹太人起来反抗罗马。但最重要的是,耶稣认为自己是上帝的化身,是"道成肉身",

甚至就是上帝。可想而知，犹太人的反应是多么愤怒，对耶稣是多么仇恨。——你一个凡夫俗子怎么敢自称是上帝的化身？是可忍，孰不可忍！对犹太人来说，这无疑是头等大罪。所以，他们一定要置耶稣于死地，否则他们自己就是虽生犹死，甚至生不如死。

在第28至35节，尼采集中讨论了拯救者的心理学类型。在第28和29节，他首先提到理解耶稣这种类型的拯救者的困难，然后批判了法国学者勒南的看法。要理解耶稣的言行是很困难的，因为所有关于耶稣的原始记载都来自于对他的信仰，也就是说，人们关心的仅仅是他们所相信或信仰的耶稣，而不是历史中真实的耶稣。从历史的角度还原耶稣生平的工作，早就有人在做了，比如尼采之前的德国学者大卫·斯特劳斯。斯特劳斯比尼采稍早一些，曾经写过一部非常有名的《耶稣传》。此外，勒南的《耶稣的一生》同样很有影响。他们都希望通过真实的历史材料和文献，还原或重构耶稣的真实历史形象。但尼采认为，他俩的做法是不可能成功的，因为历史材料太缺乏了。因此，我们只能从心理学意义上来思考：耶稣到底代表了一种什么样的心理学类型？他处在一种什么样的心理状态？这是尼采最感兴趣的问题。

在第29节，尼采把批判的矛头指向勒南。其实，勒南对耶稣的解释已经是很不符合正统的基督教教义了。他把耶稣捧得非常高，但是，无论他捧得多高，他也是把耶稣看成人。这已经是反基督教了。不过，尼采还是要批判勒南。他觉得勒南误解了耶稣的心理学类型。勒南概括了耶稣的两重形象,也就是天才(Genie)和英雄(héros)。勒南的看法有没有根据呢?当然是有根据的。我们读《福音书》,尤其是《马太福音》和《马可福音》,很容易看出耶稣的两重形象,一重形象是和平与忍让,另一重形象是复仇与斗争。在《福音书》中,耶稣的前一个形象是主要的,典型的例子就是,你打他的左脸,他还要把右脸伸出来给你打。不过,后一种形象的例子也不少见,比如耶稣这样对他的门徒说:"何处的人不接待你们,不听你们,你们离开那里的时候,就把脚上的尘土跺下去,对他们作见证。我实在告诉你们,审判的日子,所多马和蛾摩拉也比那儿更得到宽恕。"耶稣还说,你们想跟随我,就要抛下你们的妻子、儿女,什么都要废弃掉。他甚至宣称,他来到世界并不是为了和平,而是要复仇和战争。连他的母亲来找他,他都毫不在乎,甚至根本不认她。那么,如何解释耶稣的两重形象呢?这是让基督教神学家很伤脑筋的问题。很多人解释说,耶稣的爱同时就是恨,他对世界的拯救也是对它的毁灭。

尼采的解释完全相反。他对耶稣的理解不是根据历史材料,而是根据文学作品,确切地说,是根据陀思妥耶夫斯基的《白痴》。尼采是很晚才接触到陀思妥耶夫斯基的小说,对他的艺术成就评价非常高,尽管对他的基督教信仰非常厌恶。尼采认为,《白痴》的主人公梅什金公爵就体现了耶稣的心理学类型。陀思妥耶夫斯基的笔下还有很多这样的形象,比如《罪与罚》中的索尼娅和《卡拉马佐夫兄弟》中的阿辽沙等等。不过,梅什金公爵比较典型;他的神经特别容易紧张，动不动就疯癫发作，变成一个白痴。他一直生活在自己天真的幻觉之中，不能理解成人世界的思想和情感逻辑，更不能接受这些。他只有跟孩子在一起，才觉得安全、踏实。其实，他的这种心理也不是不能理解。我们有时候也会有这样的想法，觉得孩子不撒谎，很天真，而成人的世界充满尔虞我诈。尼采从梅什金公爵的形象反过来推想耶稣的心理状态，认为耶稣作为一种心理学类型的特点就是不反抗。耶稣既不是英雄，也不是天才，而是一个孩子，一个白痴。他完全不反抗，不跟恶人作对。耶稣自己也讲过，孩子最容易进入天国。尼采怎么解释这样的形象呢？他说，耶稣的情况，就好像是一个人得了某种奇怪的病症，不敢碰任何东西。比如说，他想伸手拿杯子，但在接触到杯子之前，他的手却突然哆嗦了一下，赶紧下意识地缩回来。耶稣的心理状态就是这样的。他觉得，任何外在事物都是危险的，整个外在世界都是一个充满敌意的世界，所以他不敢，也不想进入外面的世界。他把一切实在都看成是假的，都当成幻觉。对他来讲，只有内心的世界才是真实的，内心的世界就像一个孩子的世界一样。

根据这一点，尼采把耶稣看成是一个"象征主义者"（Symbolist）。对耶稣来说，外在的客观世界不过是内心主观世界的一个符号或象征（Symbol）。《福音书》为什么特别难懂？原因就在这里。我们读《福音书》的时候，也有类似的感觉：《福音书》中几乎全是寓言和比喻。你无论问耶稣什么，他都用寓言回答你。你问什么是天堂，耶稣说了一个故事；你问什么是罪恶，耶稣又说了一个故事。所有的答案都模棱两可，所有的事物和事情都变成了寓言，甚至连整个客观世界都变成了寓言。所以，耶稣的真正教诲就是这句名言——"神的国就在你的心中"。在基督教神学之中，耶稣的这句话有很多微言大义，但尼采认为，它的真正意思就是它的字面意思：耶稣的确把内心世界当成唯一真实的世界。

在第32节，尼采指出，耶稣的心理状态就好像是青春期的发育受到延缓，也就是说，一个孩子还没有长大，就突然一下子变成一个成人，进入成人的世界。对他来说，成人的世界是一个无法把握的世界，是一个让他感到陌生和恐惧的世界。所以，当耶稣说"天国就在你的心中"、说他自己是道成肉身时，这些话就是完全可以理解的了。在尼采看来，耶稣作为一个孩子，是一个彻底的反实在论（Anti-Realist）者。所有外面客观的世界，对耶稣来讲都是如梦如幻。什么是福音，什么是信仰，什么是拯救？答案就是：你完全退回到内在的世界，完全不注意外在的世界；无论罪还是罚，对你都没有意义；既没有律法，也没有祭司，什么都没有，这些都属于成人世界。通过这样的方式，耶稣其实已经把犹太教完全否定了。严格来说，他甚至都没有想到否定，更不要说批判了。他完全没有否定和批判的意识。他所说的福音，无非就是这样一种纯粹的心理状态。这就是《福音书》中耶稣的第一重形象，在尼采看来，也是唯一的形象。耶稣的福音是忍让、和平，完全不反抗，甚至没有反抗的意识。因为在他的内心世界中，一切都是虚幻的，无所谓反抗不反抗。你打他还是不打他,对他是没有任何意义的。无论是婚姻、血缘、亲情、家庭,还是国家、民族、律法等,都没有任何实在的意义,都不过是一种象征而已。所以,他既没有自己人和外邦人的区分,也不关心天国和地狱的差别。天国已经到来了,已经实现了。只要你把这个世界看成是内心世界的纯粹象征,那么你就是上帝,就是天国。

尼采所勾勒的耶稣形象,跟陀思妥耶夫斯基笔下的梅什金公爵确实很相似。读过《白痴》的人都知道,梅什金公爵进入了社会,也就是彼得堡上流社会之后,感觉非常难以适应。这是很容易理解的,因为人类社会,尤其是上流社会,一定会充斥着虚伪、谎言、欺骗、尔虞我诈。就像帕斯卡所说的,人类社会本身就是依靠谎言建立和维系的。为什么在各个民族,撒谎都是一个特别重大的道德问题?因为撒谎是人成长为人的根本标志。撒谎意味着,一个人开始有意识地区分内在和外在,区分真和假,区分实在和虚幻。但是对于这些区分,耶稣一无所知,梅什金公爵也一无所知。所以,梅什金公爵到了彼得堡上流社会之后,就好像一个单纯、天真和无知的孩子突然进入了一个勾心斗角、尔虞我诈的成人世界。跟耶稣一样,梅什金公爵本来想要拯救这个世界,但最后却给这个世界带来更多血腥和残酷的冲突、争斗与谋杀。《白痴》的结局是,罗果仁竟然杀死了自己的爱人娜斯塔霞,而梅什金公爵也癫疯复发,再次成为一个"白痴"。最后,他被送回到那个原本属于他自己的孩子世界。

为什么会这样呢?原因其实很简单:梅什金公爵的单

纯、天真和无知，恰恰撕破了人类社会的虚伪面纱，使得人与人之间无法相处。在一个成人的世界，如果把所有人说的话都公开，那么任何社会都会毁灭的。所以帕斯卡才说，人类社会是靠谎言建立和维系的。尼采同意帕斯卡的看法，只不过他不认为这是人的原罪。在尼采看来，这是"生成的无辜"。人类世界本来就是这个样子。人本来就是一种言不由衷、两面三刀和撒谎成性的动物，是一切动物之中最虚伪的动物。这是关于人和人类世界的唯一真理。但是，这个真理实在过于真实，过于丑陋，以至于绝大多数成人都无法承受，更不要说像梅什金公爵和耶稣这样的"孩子"了。尼采却是非常热爱这个真理，并且因此热爱这个世界。但是，耶稣不能理解这个世界的真理。他躲到了自己的内心世界里。对他来讲，生和死没什么区别。事实上，耶稣在被钉十字架之前就已经死了。

第34节是这一部分非常重要的一节。在这里，尼采说耶稣是一个"伟大的象征主义者"。所谓"人子"（Mensch Sohn）不是指具体历史中的人格，而是意味着没有区分：既无所谓外在和内在，也没有天国和地狱、此岸和彼岸。总之，他活在纯粹幻觉的世界里。因此尼采认为，基督教本身完全是对耶稣的背离，比如它的"三位一体"教义把耶稣看成第二个人格（Person），也就是所谓的圣子。并且，为了说明圣子跟圣父的关系，基督教还编造了"童贞受孕"之类的离奇故事。这些东西，跟耶稣其实是毫不相干的。耶稣的天国是一种纯粹的内心状态，而外在世界不过是一个虚幻的符号或象征。你只要真的这么想、这么做,那你就是耶稣,就是上帝,就是天国。正像耶稣反复强调的:"天国已经到来了。"就这一点来讲,耶稣不光是对犹太教的否定,而且是对整个世界的否定,尽管他本人从来没有否定的意识。这就是耶稣作为基督徒的根本意义。

第35节是第三部分的总结,重点是讲"福音"的真正含义。耶稣不仅是福音的使者,他本身就是福音。作为一个拯救者,他并不是实实在在地来到地上,然后把人带到天堂。他的生活,甚至他的态度,就已经是一种拯救的实践。为了说明这一点,尼采特地提到了耶稣临终前的状态。耶稣在临死之前,还不忘感化两个强盗。这两个强盗似乎真的被他感动了,觉得耶稣的确像他自己所说的那样,是"神的孩子"。耶稣的回答是:如果你们真的这么想,就已经进入天国了。对他来讲,进入天国就意味着成为"神的孩子",甚至更简单地说,成为"孩子"。为什么要用"孩子"的意象?原因我们刚才已经谈到了。一个人从孩子成长为一个成人,一定会经历虚伪、谎言、欺骗、背叛、阴谋和诡计等,就好像一棵树要长大就必须挣破岩石,经历狂风暴雨。这些都是人和人类社会的常态,是很自然的。但是,耶稣害怕这个"现实",他不愿意正视这个"现实"。所以,他躲在自己的内心世界里,完全无视"现实"的存在。后来的基督徒既不敢正视现实,也不能理解耶稣的生活实践。所以他们一方面在道德上贬低这个世界,另一方面也在思想上误解耶稣的"福音"。

尼采对基督教是彻底的批判和否定,不过对耶稣却保留了几分敬意。虽然他完全不能接受耶稣的言行,但他至少认为耶稣是一个很真诚的人。在《查拉图斯特拉如是说》中,尼采甚至惋惜耶稣死得太早。如果耶稣在沙漠再待上十年,如果他活到四十岁,他应该就不会讲授那些否定尘世和生命的东西了。我们不妨比较一下。查拉图斯特拉三十岁的时候也离开了家乡,来到山上。他为什么要上山?因为他觉得很厌倦,觉得生命太短暂了,没有意义,所以他想到山上去独自悟道。他为什么要在山上待十年?尼采说,只有待上十年,才能领悟天地人生的智慧。十年之后,也就是四十岁的时候,查拉图斯特拉终于有所领悟,于是开始下山布道。四十岁是什么概念呢?按照希腊人的看法,四十岁是人生的黄金时期,是人生的"正午"。《论语》也说"三十而立,四十而不惑"。借用这个说法,耶稣布道的时候才过"而立之年",还是很不成熟的。只有到了四十岁,一个人才会真正地达到"不惑"状态。他既不像孩子那样害怕这个世界,也不像道学家那样在道德上排斥和否定这个世界。到了四十岁,人应该学会平静地看待这个世界,就像尼采说的,学会"热爱命运"。

好的,我们今天就讲到这儿。

第四部分：第36至49节

昨天，我们讲了《敌基督者》的前三部分。在第一部分，尼采提出了自己的价值判断标准；在第二部分，他以佛教为参照阐述了基督教的基本逻辑；在第三部分，他追溯了基督教的历史起源，以及它和犹太教的关系；在此基础上，他还解释了耶稣这一拯救者类型的心理学特征。尼采认为，耶稣实际代表了对犹太教的彻底否定，但他本人恰恰没有否定的意识，所以说，他是通过不否定的方式来否定一切。这就是耶稣这种拯救者类型的心理学特征。

今天，我们要讲的是《敌基督者》的第四部分和第五部分。第四部分是从第36到49节，讨论的是基督教对耶稣的背离；第五部分是从第50到62节，讨论的是信仰与真理的关系。

接下来，我们开始讲基督教和耶稣之间的关系。我们一般都想当然地把耶稣看成是基督教的创始人。但是，按照尼采的分析，结论非常清楚：基督教真正的创始人并不是耶稣，而是背离了耶稣的保罗。如果没有保罗，基督教很可能就像很多大大小小的教派一样，随着耶稣的死，在历史的长河中烟消云散。保罗是一个罕见的天才，他把基督教变成了一种普世的宗教。但正因为这样，保罗在根本上背离了耶稣的教导，又返回到被耶稣本人否定的犹太教复仇和道德化的精神。不光如此，他还使犹太教的复仇精神在基督教那里登峰造极。

昨天，我们讲到了第35节。在这一节中，尼采说，耶稣是一个"伟大的象征主义者"，没有任何反抗、对立和复仇的意识。对耶稣来说，内心就是外在，外在就是内心。所以，他没有必要也没有理由对抗外在世界。尼采由此认为，耶稣的形象跟佛陀有些类似。打个不太恰当的比喻，如果说耶稣是一个孩子版本的佛陀，那么佛陀就是一个成人版本的耶稣。他们的共同特点是对世界漠不关心。但是，佛陀是一个成年人，他之所以不关心这个世界，是因为他把这个世界看得太透了。而耶稣为什么不关心这个世界呢？因为他是一个孩子，完全不理解这个世界。这就是他们的根本区别所在。

在第36节，尼采说，基督教本身就是一个"世界历史的反讽"，因为它所宣扬的一切都是对其"创始人"耶稣的否定，都是对福音的否定。第37节接着讨论这个主题。尼采提到，基督教编造了很多关于行奇迹者和拯救者的拙劣寓言，把耶稣的生平和实践变成了一个神话，而这个神话跟耶稣本来的形象是格格不入的。整个基督教的历史就是对耶稣的不断解释，而每一次解释都是对他的进一步误解和背离。基督教从一开始就是面向下层人，而下层人理解力非常有限，每个人都根据自己的先入之见来理解耶稣。他们把耶稣身上凡是自己不能理解的东西通通去掉，同时附加上耶稣所没有的东西。所以尼采说，基督教的历史本身就是一个"反讽"。

在第38节，尼采从基督教的过去回到了当下。他揭示了基督教在当下的荒诞处境。在今天，人们其实早已不相信基督教了，但仍然谎称自己是基督徒。尼采还提到一位年轻的王子，自己根本不信基督教，但却装作非常虔诚的样子，处处以基督徒自居。关于这一点，大家可以参考一下尼采在《查拉图斯特拉如是说》第四卷中的相关看法。查拉图斯特拉在山上隐居，山下很多人听说山上住着一位隐士，就想去拜访他。其中有一个拜访者的身份很特别，他就是末代教皇。为什么叫末代教皇呢？因为上帝死了，教皇的主人死了，所以教皇惶惶如丧家之犬，觉得自己的灵魂没有了信靠。末代教皇见到查拉图斯特拉之后，紧紧地握住他的手说，"在所有不信上帝的人中间，你是最虔诚的。"这句话意味深长。末代教皇的意思是：那些所谓信上帝的人其实是不信的，因为他们丝毫没有虔诚之心；而像查拉图斯特拉这样不信上帝的人反而离上帝最近，因为他很虔诚。所以末代教皇说，查拉图斯特拉虽然不信上帝，但他却是真诚或虔诚地不信上帝。无论如何，他有虔诚之心，这就足够了。对于末代教皇来说，信仰必须虔诚，没有虔诚之心就无所谓信仰。很多人，比如洛维特（Karl Löwith），由此断定尼采是一个"无神论的基督徒"。在我看来，这显然是胡说八道。因为这只是末代教皇对查拉图斯特拉的理解，并不是查拉图斯特拉的自我理解,更不是尼采的自我理解。无论是查拉图斯特拉,还是尼采,都要区分真理和信仰或信以为真。况且,尼采说得很清楚,真正的基督徒只有一个,他就是耶稣。尼采对耶稣虽然也有几分敬意,但无论如何也不会认可他的精神,也就是对尘世和生命的全然漠视。

在第39节,尼采开始具体分析基督教是怎么产生的。他说,他的意图是澄清"基督教的真实历史"。不过大家要注意,尼采这里所说的"真实历史",既不是基督教自己所解释的历史,也不是实证史学意义的历史。前一点比较好理解,因为尼采早就批判过犹太教和基督教对历史的伪造了。关键是后一点。通常,只要一说到"真实的历史",我们马上就想当然地认为这是实证史学意义的历史,比如材料、文献、考据和出土文物什么的。尼采并不否认这些东西的重要性,但他认为它们并不是"真实的历史"。在他看来,就算你把《荷马史诗》每一句话的来历都弄得很明白,把荷马的生平都搞得很清楚,这也不代表你就真的理解《荷马史诗》;同样的道理,就算你把耶稣的真实生平和基督教的实际历史都搞清楚了,也不代表你能理解耶稣和基督教。这是他对实证主义史学观的批评。尼采说的"真实的历史"是心理学意义上的真实,是思想和心理的真实。

尼采首先指出,基督教这个词本身就是一个误解,因为说到底,只有一位基督徒存在过,但他已经死在十字架上了,在此之后所有宣称基督教或基督徒的东西,都是对基督徒的否定。我们知道,基督教的核心教义就是,你必须相信耶稣就是基督。这个信仰是你得救的最重要前提，甚至是唯一的前提。对这个信仰的强调，当然是保罗的贡献。他无视耶稣所说的"爱上帝"和"爱邻人"，而是单单强调对耶稣的信仰。只要你相信耶稣这个凡人是上帝，是"道成肉身"，那么你就是基督徒。在尼采看来，这是对耶稣的一个根本误解。因为，真正的基督徒并不是一种信仰，并不是相信耶稣是上帝，是"道成肉身"。真正的基督徒是像耶稣一样生活，一样思想，一样行动。真正的基督徒不仅把外在世界看成是内心世界的象征，甚至没有意识到内在和外在的区别。既没有此岸，也没有彼岸；既没有律法，也无需信仰；既不知道朋友，也不知道敌人。对他来说，世上所有的人都是一样的，甚至连生与死都没有根本区别。

尼采说，只有耶稣的生活，只有十字架上的死亡，才是真正的基督徒。但是，所有后来的基督徒都不是这样的。他们把被耶稣否定掉的东西，也就是犹太教，都给复原了。其中，一个具有决定性意义的复原是，后来的基督徒抛弃了耶稣的生活实践，并且以对耶稣的信仰取而代之。就是说，他们相信耶稣就是上帝，并且认为这个信仰是得救的唯一前提。什么叫信仰？在尼采的眼里，信仰实际上就是一个谎言。信仰的原因是心性的懦弱，是天性的软弱，是不能直接面对现实。因为现实一定是残酷的、偶然的、无法理解的。不能理解现实，就只能是逃避、撒谎和自欺欺人。尼采甚至认为，基督教的信仰本身就是一种逃避、撒谎和自欺欺人的本能。它被一种不安全感主宰，害怕现实，不敢正视现实。一旦现实的真相被揭示出来，那么这种本能就会土崩瓦解。所以尼采的结论是：基督教信仰的背后是一种比较低下的本能。

第40节是一个比较实质性的描述。尼采具体地阐明了，基督教的逻辑是怎么产生的，它对耶稣的背叛是从哪一点开始的。众所周知，耶稣是死在十字架上的。这是一种最为卑贱的死法。因为在罗马帝国，只有奴隶才会被钉死在十字架上。当然，这对耶稣本人来说是无意义的，因为他对生死都毫不关心，更不要说以什么方式死亡了。但是，我们不要忘了，耶稣还有一些门徒。耶稣死了，对他自己倒是无所谓，但对门徒就不一样了。门徒都是凡夫俗子，他们无法理解耶稣的死。既然耶稣是上帝，而上帝是不死的，那么他怎么可能被人钉死呢？而且，既然上帝是万能的，既然上帝要审判这个世界，连罗马帝国都不放在眼里，他又怎么会最后手无缚鸡之力，束手就擒，被屈辱地钉死在十字架上呢？门徒理解不了这一切，既不能理解耶稣的生活，也不能理解和接受他的死亡。他们要搞明白耶稣之死到底是怎么回事。但是，限于比较低下的理解力，他们只能按自己的方式理解这一切。他们感到非常震惊，而且深受侮辱。他们觉得这样一种低贱和羞辱的死亡，简直是对耶稣及其事业本身的嘲讽：你既然那么了不起，你既然是"犹太人的王"，是弥赛亚，甚至是上帝，你既然要审判这个世界，怎么可能就这样莫名其妙地死了呢？

尼采认为，门徒无法理解耶稣的死亡，就像他们无法理解耶稣的生活一样。他们不知道,耶稣的生和死都体现了真正的"福音"精神——"不反抗"。相反,他们觉得耶稣一定是在反抗什么东西。所以说,他们很自然地把耶稣之死看成是一种血泪控诉。那么在他们看来,耶稣究竟是在反抗什么呢?正所谓"冤有头,债有主",门徒马上就想到,耶稣反抗的是所有现行的政治秩序和统治权威,首先是以法利赛人为代表的犹太教律法,其次是罗马帝国的法律。按照尼采的解释,这显然体现了门徒自己的意识和潜意识,反映了他们的怨恨本能。因为他们觉得自己受到压迫,想要反抗,于是便把这种受压迫感和反抗意识寄托到耶稣身上。这样一来,他们就重新燃起复仇的怒火和希望。他们坚定地相信,耶稣并没有死,并且一定会再来的。耶稣是神,你们钉死的只是他的人身。但是,作为神的耶稣是不会死的,一定会重临世界。而且,他在重临人世之后,一定会审判你们这些刽子手,审判你们这些万恶的法利赛人,审判你们这些高高在上的罗马统治者。

门徒对耶稣之死的解释,以及对于他重临人世的期待,等于是复原了犹太教的弥赛亚逻辑。就像犹太人盼望着救世主来拯救他们一样,耶稣的门徒也在想象着"上帝之国"的来临。他们相信:耶稣就是上帝,他会重临人世,对这个世界进行审判和复仇;世界末日的那天,也就是上帝之国来临之后,世上所有的作恶者,高高在上的统治者,都要被扔到地狱之火中去接受惩罚,而所有的"被欺凌者"和"被侮辱者"都会得到上帝的恩典和救赎,在天国里享受永恒的幸福。《启示录》就是一部非常典型的预言和审判之书。

尼采是怎么看的呢？他显然认为，这是对耶稣彻头彻尾的误解。因为耶稣说，"上帝之国"已经到来了。只要你觉得这个世界没有对立、没有战争、没有争斗、没有仇恨；甚至，只要你不关心这个世界的一切，那么，这就是"上帝之国"了。但是，门徒们不一样。他们把已经到来、已经实现的"上帝之国"，又推向了遥远的未来，把它变成一种许诺，一种"应许"：只要你信仰耶稣，那么在"上帝之国"到来之后，你一定会得救，一定会过上幸福美满的生活。

在第40节的最后几行，尼采说，人们现在开始把对法利赛人的所有仇恨都灌输到耶稣身上，以致把耶稣本人也变成了一个法利赛人。我们在前面提到，耶稣有两种对立的形象，一种是忍让与和平，另一种是复仇和斗争。他一方面宣扬别人打你的左脸，你把右脸也要伸出去；另一方面又特别狂暴，充满复仇和怨恨，动辄要审判这个世界，甚至因为某个村庄不接待他和他的门徒，就发誓要把整个村庄都灭了。为什么会这样？现在，答案应该很清楚了：耶稣的后一种形象，其实是来自于门徒自己的想象和期待，也就是说，他们把自己的怨恨和复仇心理投射到耶稣身上。

在第41节，尼采继续讨论门徒对耶稣的解释和误解。我们在前面讲到，人出于安全感的本能，不能接受自己完全无法理解的东西。倘若我们不能理解一个东西，不知道它的原因和结果是什么，我们就会有强烈的不安全感和焦虑感。对于门徒来说，道理也是一样。试想一下，他们曾经那么相信的人，现在突然死了，而且都不知道他因为什么而死，这当然会让他们感到恐慌和焦虑。正像尼采所说的，门徒坚定地相信，"一切都必须有其必然，必须拥有某种意义、原因、终极原因。"门徒不能接受的事实是：耶稣之死原本就是一件无足轻重的皮毛小事，并没有什么神圣或特别的"意义"。就像自然世界中一阵风刮倒了一棵树一样，耶稣因为威胁到了现有的统治秩序，所以被杀死了。这是一个很自然的事件，并没有什么不可理喻的地方。问题的关键是，门徒并不认为耶稣是一个凡夫俗子，而是相信他真的是上帝。既然这样，上帝为什么会死在十字架上呢？几乎所有的基督教神学家，都绞尽脑汁地回答这个问题。他们的具体解释虽然各有不同，但基本的逻辑却是一致的。他们都认为，这是无罪者自愿牺牲为有罪者赎罪。

什么叫"无罪者自愿牺牲为有罪者赎罪"？举一个简单的例子。本来你犯了罪，应该以死抵罪，而另一个无罪的人却自愿以死来替你赎罪。如果只是这样，这件事虽然有些夸张，但似乎并不是完全不可理喻。问题是，这个无罪的人恰恰是你的受害者。这已经是很不可理喻了。这还不算完，基督教最后说：这个无罪的人自愿替你赎罪的方式，竟然是被你杀死。可想而知，这个逻辑是多么荒谬绝伦，多么骇人听闻。这就是尼采对基督教的赎罪说的解释。就我所知，有一个神学家和尼采持有类似的看法。他就是尼采的同时代人，丹麦的神学家克尔凯郭尔。他也认为，上帝被钉死在十字架上本身就是一个彻头彻尾的荒谬，根本无法解释。

所以说，问题的关键是怎么理解"罪"的概念。这个问题，尼采在《论道德的谱系》中谈得比较透彻。在德语中，"罪"（Schuld）的本义是"欠债"，后引申为"责任"，最后才变成道德意义的"罪"。从"欠债"到"罪"的语义变化，实际上体现了一个道德化的过程。《圣经》中的"罪"和"原罪"也是如此。这一点，从犹太人到基督教的历史中，就可以看得很清楚。犹太人在他们的早期，确实获得了繁荣、兴旺和发达。他们把迦南人赶走，到达了他们所谓的"希望之乡"，或"应许之地"，建立了一个强大的国家。这本来是他们自己的功劳，但他们不这么看。他们认为：这一切都要归功于我们的神耶和华，因为他很有力量，能保护我们；托耶和华的福，我们这么兴旺发达，所以我们要把耶和华作为唯一的神来崇拜。尼采说，这体现了一种"欠债还钱"的原始正义：因为我们欠耶和华的，所以我们偿还他，要以服从他作为补偿。这是一种很正常的心理，各个民族在早期差不多都是这样的。

但是，随着犹太人历史的演变，他们觉得欠耶和华的越来越多，多到根本无法偿还的程度。耶和华一次次地对你好，你却一次次地背叛他，而耶和华又一次次地原谅你。他每原谅你一次，你欠他的就多一些。就好像你欠一个朋友一百元钱，他对你说，你不用还了，之后他又借给你一百元；这样，你实际上就欠他两百元，而且你就更加还不起了。你的朋友说你不用还了，然后再借你一千元。这样下去，你只会欠他越来越多。多到什么程度呢？多到你根本无法偿还的程度。这样一来,你的"债"就变成了一种"罪"。不仅如此,你的子子孙孙都要还债,但结果也是越欠越多,永远还不完。这就不仅是"罪",而是"原罪"了。在犹太教那里,犹太人还只有罪的概念,并没有"原罪"意识。但到了基督教那里,人与上帝的关系却从"罪"变成了"原罪"。亚当和夏娃欠上帝的债,他们的子子孙孙,也就是人类的世世代代都需要偿还,尽管偿还的结果是越欠越多,多到永远无法偿还。

按照尼采的说法,基督教的"赎罪"其实是一种"还债"的逻辑:上帝牺牲自己替人赎罪,就好比是债主主动替债务人偿还了债务。上帝作为债主不光主动免了你的债,而且是以牺牲自己甚至被你杀死的方式替你还债。这就是基督教所说的,"无罪者自愿牺牲为有罪者赎罪"。但我们都知道,假如你欠一个人很多,并且永远都还不起,而那个人又非常慷慨,不但不让你还,甚至主动牺牲自己来替你偿还;那么,最后的结果必然是,你只会觉得欠他更多,而不是相反。人性就是这样的。天下没有免费的午餐。所以说,基督教的赎罪逻辑,不但没有让你觉得无债一身轻,反而让你感觉欠得更多,觉得自己更有罪。顺着这个逻辑,我们可以继续往前推,推到最后就是反基督教的现代启蒙,它的先驱就是马基雅维里。什么叫启蒙(Aufklärung)?启蒙的意思就是,人恍然大悟:原来我们根本不欠上帝的债,原来根本没有上帝,原来这一切都是我们自己的幻觉。

总之,尼采澄清了自然性的"欠"与道德性的"罪"

的关系。在尼采看来,保罗正是基督教"赎罪"说的始作俑者,因为他把耶稣之死解释为一种赎罪,也就是无罪者自愿牺牲为有罪者赎罪。有了"罪"和"赎罪"的前提,才能推出其他的结论,比如复活、重临和末日审判等,尤其是复活。这里,尼采还引用了保罗的原话。他说,"假如基督没有从死亡中复活,那么我们的信仰就纯属徒劳。"道理很简单:假如耶稣只是一个凡人,那么所有的许诺就不会兑现。

在第42节,尼采具体论述了保罗在什么意义上背离了耶稣。用尼采的话说,保罗终结的是"一种佛教式的和平运动,一种事实的,而非仅仅被许诺的尘世幸福"。这里,尼采再一次提到了佛教和基督教的区别:佛教从不许诺,基督教仅仅许诺,从不兑现,而且也不可能兑现。这恰恰体现了保罗的天才之处。我们知道,在早期基督教的历史中,保罗派和基督教正统派一直有很大的矛盾和紧张。这主要体现在他们对复活以及上帝重临的理解上。正统派的看法比较简单和朴素一些。他们相信"上帝之国"真的会在某年某月某日来临,耶稣变成特别强大和荣耀的君主审判这个世界,信耶稣的人跟耶稣一起,分享他的荣耀。这个理想很符合大多数普通人的心理,虽然看起来似乎不是很崇高。但是,这个看法有一个很大的麻烦,那就是,如果到了那一天,"上帝之国"不来怎么办?基督教有千禧年的说法。记得公元2000年的时候,也有人在发出世界末日的警告,当然现在几乎没有人相信了。但是公元1000年的时候,情况却不是这样的。当时,不少人都在等待"上帝之国"的来临。据说有一个教派一直在等待，但直到最后一天，耶稣也没有到来。最后，全体信徒集体自杀了。所以说，把"上帝之国"理解得太实在，就会有麻烦，因为它经不起历史的检验。

但是，保罗就不一样。他说，"上帝之国"处在已经到来和将要到来之间，既好像来了，又好像没有来。你如果相信耶稣就是基督，就是上帝，那么"上帝之国"就会到来，甚至已经来了；你如果不相信，那么它就没有到来，而且不会到来。而且，即使你有信仰，但"上帝之国"什么时候到来，你并不知道。如果让你知道，那还算什么"上帝之国"呢？保罗对"上帝之国"的解释为什么颠扑不破？因为这是一种奇特的信仰，既不能被"证实"，又不能被"证伪"。可以说，保罗既强调"因信称义"，又赞成"预定论"。看起来，这两个说法好像存在着张力，甚至自相矛盾，但是，这种张力或"矛盾"恰恰是我们理解保罗和基督教的关键所在，也是基督教获得成功的主要原因。

包括《福音书》在内，整个《新约》在很大程度上贯穿了保罗的思想。我们知道，保罗在基督教中属于一个身份非常特殊的使徒。他本来是一个法利赛人，一个狂热的律法主义者。他不仅没有在耶稣生前跟随过耶稣，而且还迫害过基督徒，迫害得非常残酷。所以，当保罗后来摇身一变，自称是耶稣的忠实追随者时，大家都震惊了，觉得无法理解和接受。这也跟早期基督教的环境有很大的关系。在耶稣死后不久，基督教内部各派就开始相互争斗，以至于刀光剑影，互动干戈。他们争论的核心问题是：到底谁是耶稣的真正见证者和追随者？到底谁是正统，谁是异端？基督教内部正统和异端的斗争，其实从耶稣死后就已经开始了，一直到今天还在继续。而在这场争论，甚至争斗中，保罗显然处于最不利的地位，因为他最没有话语权，缺乏正当性。试想，你从来没有跟随耶稣打过天下，闹过革命，甚至还迫害过他的追随者，又有什么资格以他的"使徒"自居，冒充革命的接班人呢？包括《罗马书》和《加拉太书》在内，保罗的大多数书信其实都是一种自我辩护。他想证明的是：一个没有在耶稣生前跟随他的人，甚至一个迫害过耶稣的追随者的人，反而比在耶稣生前就追随他的门徒更能忠实于耶稣，继承他的真正精神。

关于保罗与正统派的关系问题，我推荐大家读德国学者陶伯斯（Jacob Taubes）的一本书，题目是《保罗的政治神学》。他认为，保罗书信的主要意图就是为自己的正当性做辩护。比如说在《罗马书》中，保罗说他要把募捐到的钱款送到耶路撒冷教会。千万不要以为募捐是一件很单纯、很俗的事情，因为这恰恰涉及正统和异端的斗争。保罗虽然能募捐到钱，但耶路撒冷教会愿不愿意接受他的钱，还是没有把握的，因为耶路撒冷教会代表了早期基督教的正统。假如它愿意接受你募捐到的钱，这就表明它承认你不是异端。

保罗如何证明自己的正当性呢？他的自我辩护是：仅仅在肉体的意义上跟随耶稣是没有意义的，只有精神上信仰耶稣才是最重要的。这样一来，保罗就一下子把基督教的解释权和话语权夺过来了。也是由于这个原因，他把基督教的事业大大地推进了一步。他不仅用信仰取代了律法，而且否定了上帝跟犹太人的直接关联。为什么这样说呢？因为最早的基督徒并不认为自己是基督徒，而是仍然坚持自己是犹太人，比如说，仍然坚持行割礼，甚至还遵守犹太教的基本律法，只不过他们自认为是比法利赛人更虔诚的犹太人。保罗恰恰废除了这些。他认为，一个人能不能得救，跟他是不是跟随过耶稣，是不是行过割礼，甚至在血缘上是不是犹太人，都没有关系。所有这些都不重要，真正重要的是对耶稣的信仰。这个信仰的基本内容是：耶稣是上帝，他为了替人赎罪自愿被钉死在十字架上，后来又复活了，复活之后还会重临人世，并且要审判这个世界，如此等等。不可否认，保罗的这些说法确实具有很强的解释力，所以也对早期基督教产生了决定性的影响。从根本上讲，保罗改变了基督教的基本精神，并且扭转了它的方向。尼采说，保罗"直截了当地抹掉了基督教的昨天、前天，他自己发明了一个原始基督教的历史"。这就是尼采的论断：没有保罗，就不会有后来的基督教。

尼采在第42节还提到了保罗的"皈依"经历。这就是所谓的大马士革启示。据《使徒行传》记载，保罗原名叫扫罗。他在大马士革的时候，突然听到天上有声音跟他说："扫罗！扫罗！你为什么逼迫我？"保罗当时立刻昏厥过去，三天不能看东西，也不吃不喝。后来，他就皈依了耶稣。基督教一直认为这是一个奇迹，一个神圣的启示。尼采是怎么解释的呢？他认为，这是保罗自编、自导、自演的一个故事，因为反正谁也无法证实。在《曙光》中，尼采在心理学上解释了保罗的信仰皈依逻辑。保罗为什么从一个极端的法利赛人，基督徒的狂热迫害者，后来变成一个狂热的基督徒呢？这两者的共同点就是狂热。保罗虽然身份变了，但他的狂热一点没变。他原本是一个狂热的法利赛人，把律法看得最重要、最神圣。他觉得生活中的一切都要用律法来衡量，所以他才那么狂热地迫害基督徒。但是，他后来发现，律法的规定太苛刻了，让人无法忍受。他根本做不到全心全意地侍奉律法，因为几乎没有人能够做到完全服从律法。因为他做不到，所以他就反过来产生怨恨和报复心理，想要彻底否定律法。对保罗来说，否定犹太教的律法、皈依基督教恰恰是一种焦虑感的释放，一种心理上的巨大解脱。

那么，保罗内心转变的真实动机是什么？他为什么会从一个基督徒的狂热迫害者，突然摇身一变，成为一个狂热的基督徒？按照尼采的说法，保罗其实是想要努力洗掉自己身上的"历史污点"，因为他曾经是基督徒的狂热迫害者。同样的道理，他之所以仇恨和敌视犹太教律法，甚至比耶稣的真正追随者都要极端得多，是因为他曾经是一个狂热的法利赛人和律法主义者。马基雅维里说过，倘若一个政治家突然改变了自己的政治立场，那么其中一定有不可告人的阴谋。其实，不要说政治家，任何一个正常的成年人都不会发生信仰的突变，尤其是那种一百八十度的大转变。

尼采认为，保罗虽然皈依了基督教，但他是从法利赛人的角度去理解和改造基督教。他在骨子里仍然是一个法利赛人，一个典型的犹太教士。他已经被犹太教的怨恨和仇恨扭曲了。跟所有的教士一样，保罗的动机就是攫取权力。问题是，攫取权力难道不是好事吗？尼采区分了两种情况。在正常情况下，权力当然是对生命的提升。但是，假如一个人的权力欲被扭曲了，被用来反对自身，那么权力当然就是对生命的损害。保罗无疑是后一种情况。

在第43节，尼采回答了一个问题：保罗的基督教为什么获得了巨大成功？这其中的关键是，保罗用"人格不朽"的谎言迎合了下层人。保罗说，每个人都有不朽的人格，每个人的人格都是和他人平等的，每个人在上帝面前都有一个独立的人格。这样一套说教首先迎合了犹太人中的下层人，使他们起来反抗犹太人的统治阶层、特权阶层，也就是犹太祭司；其次，更重要的是，它迎合了罗马帝国的所有下层人，煽动他们起来反抗上层人，反抗罗马统治者。可以说，基督教本身就是一个自下而上的革命。在整个罗马帝国，它首先从底层开始传播，慢慢地渗透到上层和精英阶层，最后整个罗马帝国的精英阶层和统治者都被基督教所控制，不得不把它定为国教。从政治上说，保罗和基督教造成的后果之一，就是人与人之间的等级和距离遭到了否定、谴责和批判，特权和统治权变成了一种道德之恶，甚至是一种"原罪"。

在第44节，尼采再次确认了前面提到的一个论点：基督教与其说是对犹太教的否定，不如说是对它的继承和最终实现。这其中的关键仍然是保罗。由于保罗，基督教实现了一种更彻底的道德伪造。基督教表面看起来是反犹太教，但是按照尼采的说法，它只不过是把犹太教的撒谎逻辑推到了极致。犹太教仅仅认为犹太人是上帝的选民，在世界末日的时候获得拯救；而基督教却说所有人都是上帝的选民，只要他们有了对耶稣的信仰。这样一来，基督教就完成了人类历史上最大的一次"道德起义"或"价值颠覆"。这场"道德起义"导致的结果是，基督教垄断了所有美好的词语，比如"神"、"真理"、"光"、"精神"、"爱"、"智慧"、"生命"，似乎它们是基督教的同义词，虽然它们事实上跟基督教是完全对立、格格不入的。反过来说，基督教把所有自己不能理解和不能接受的东西，也就是真正的神、真理、光、精神、爱、智慧和生命等，加以贬低、批判和否定，使它们都变成了道德上的恶。

在第44节快结束的地方，尼采强调，基督教的自大狂实际上是继承了犹太教的自大狂。因为基督教太狂妄自大了，所以它不能忍受犹太教的狂妄自大，它必须反对犹太教。但是，基督教仍然是用犹太教的逻辑来反对犹太教。尼采最后提到了犹太人和基督徒之间的分裂。这是早期基督教历史的一个重大事件。我们在前面讲过，最早的基督徒并不认为做基督徒和做犹太人有什么矛盾，甚至都没有什么基督徒的身份意识。要知道，基督徒的称呼是在比较晚的时候才有的，就连保罗都没有提到基督徒的说法。最早的基督徒，也就是所谓的犹太基督徒（Juden-Christen），坚持认为自己仍然是犹太人。只不过在他们看来，他们是更纯粹、更虔诚的犹太人,是真正的犹太人,而法利赛人却是虚伪的犹太人,因为他们只讲那一套形式主义的律法,不讲信仰和虔诚。但是,由于保罗的革命,基督教终于同犹太教做了彻底切割。这样,犹太基督徒就在历史中逐渐消失了。正因为这样,犹太教后来虽然能够接受耶稣,但却绝对不能接受保罗。他们认为,耶稣是犹太教的一个先知,是犹太人的儿子,而保罗却是犹太人和犹太教的可耻叛徒,永远不能被原谅和宽恕。但不管怎样,基督教同犹太教在精神上是一脉相承的,都是一种"道德起义"和价值领域的"奴隶造反"。唯一的区别是,基督教的价值颠覆更成功,以至于最后反过来颠覆了犹太教的价值。

第45节是一个敌基督版本的《新约文选》,完全以一种敌基督的眼光来看待《新约》。按照尼采的看法,包括《福音书》在内的整个《新约》,其实都是对耶稣的背离和否定。最后一段文字尤其典型。这段文字出自《哥林多前书》,也是我们比较熟悉的。保罗说,"神却拣选了世上愚拙的,叫有智慧的惭愧;又拣选了世上软弱的,叫那强壮的惭愧。神也拣选了世上卑贱的,被人厌恶的,以及那无有的,为要废掉那有的,使一切有血气的,在神面前一个也不能自夸。"尼采说,这是一种非常典型的"价值颠覆",其实质就是用"奴隶道德"或"怨恨道德"来批判"主人道德"或"高贵的道德",也就是罗马人的道德。

第46节的语气似乎有一些极端。尼采说,《新约》中没有任何"自由、良善、心胸开阔和诚实的东西",甚至连人性都没有开始。在这一节，尼采提到两个人，一个是前面提到的恺撒·博几亚，另一个是罗马总督彼拉多。前者是一个现代罗马人，文艺复兴时期的罗马人，后者是一个古代罗马人。在尼采的心目中，他们是《新约》和基督教的对立面，是真正的罗马人，因此是真正的人。我们知道，恺撒·博几亚是马基雅维里《君主论》一书的原型，也是他心目中的君主典范。恺撒·博几亚两面三刀，背信弃义，为达目的不择手段。在基督教看来，他几乎就是魔鬼撒旦或邪恶的化身。但尼采却认为，恺撒·博几亚恰恰代表了对基督教的否定，对此岸、尘世和生命的肯定。所以，尼采赞美他是"无所不在的节日"。可想而知，尼采也极为喜爱马基雅维里。他与修昔底德、阿里斯托芬和伏尔泰等一样，是尼采为数不多的"最爱"之一。因为马基雅维里完全是以"非道德"和"超善恶"的眼光观察人的世界，看待政治世界。在《超善恶》中，尼采赞美马基雅维里说，他的《君主论》"让我们呼吸到了佛罗伦萨清新、干燥的空气"。

至于彼拉多，尼采称赞他是《新约》中唯一的"一位值得尊敬的形象"。彼拉多是一位典型的罗马人。在耶稣的时代，罗马人的天性没有受到基督教的扭曲和败坏，比较崇尚权力、等级、智慧和荣耀等自然性的价值，所以完全不能接受犹太教和基督教的价值，更不能理解他们双方到底有什么分别。

《新约》中提到，耶稣和法利赛人发生争执之后，法利赛人把耶稣交给罗马人，强烈要求判处耶稣死刑。在彼拉多看来，这显然是一场犹太人的内部纠纷。当时，罗马帝国的宗教政策是"宗教宽容"。不管你信什么东西，无论是信神还是信鬼，只要你服从罗马的法律，就没有什么问题了。罗马的法律完全不关心你所信的是不是真的上帝。彼拉多并不觉得耶稣有什么罪，因为按照罗马的法律，耶稣是无罪的。但是，按照法利赛人或犹太人的律法，耶稣却是罪大恶极，是可忍，孰不可忍。所以，彼拉多在处死耶稣之前说，是你们犹太人杀死了耶稣，我可没有杀死他。的确是这样的。因此在基督教的历史上，彼拉多是一个不受谴责的形象。有些早期的基督教团体，比如北非一些比较另类的教派，甚至把彼拉多看成是一个圣徒。这当然是有些极端了。

在这一节的最后，尼采提到了彼拉多与耶稣的对话。这个对话很有意思。这是一场典型的审判。彼拉多是法官、是审判者，而耶稣是犯人、是被告。按照《约翰福音》的记载，彼拉多问耶稣："你是犹太人的王吗？"耶稣回答说："你说我是王。我为此而生，也为此来到世间，特为给真理做见证。凡属真理的人，就听我的话。"彼拉多听了之后，觉得这个人简直不可理喻：怎么说话呢？耶稣自己当然不觉得有什么问题，因为他完全生活在自己的幻觉或内心世界里，真的觉得自己就是真理。他的门徒出于信仰，也相信耶稣是真理，是"道成肉身"。但在彼拉多看来，这个人肯定有问题。哪有人说自己是真理的？所以，他以一种嘲讽的语气反问耶稣："真理是什么呢？"按照尼采的看法，彼拉多在理智上比较诚实，比较清醒。他是一个具有健全理智的罗马人，知道真理和信仰（信以为真）之间的界限。

尼采认为，保罗也不相信耶稣真的代表真理和上帝，但他充满了怨恨，所以想要利用耶稣的形象为自己服务，利用耶稣去反抗犹太教祭司，反抗罗马帝国，反抗所有世上的统治秩序。

在第47节，尼采说得非常清楚，保罗用对耶稣的信仰取代了耶稣。他否定了"世上的智慧"，否定了一切诚实的东西。他把信仰看成是"绝对命令"，尽管"信仰在实践中是不惜一切代价的谎言"。所以尼采说，"保罗所创造的神，是对神的否定。""保罗所创造的神"就是他自己内心的投影，是他自己的怨恨与复仇的体现，是他自己的权力意志。这是一种自我否定的权力意志。保罗所解释的耶稣并不是耶稣，而是一个保罗式的耶稣，或者更准确地说，是保罗本人。他把自己的怨恨与复仇意志变成了神，变成了律法，所以他并不是对犹太教律法的否定，而是对它的真正实践。无论保罗怎么反对犹太教和犹太人，他都是一个不折不扣的犹太人，一个最高级的犹太人，一个犹太人中的犹太人。

在第48节，尼采对《圣经·创世记》中的伊甸园故事做出了自己的解释。这是一种别出心裁的解释，当然也是一种极端的敌基督式解释。尼采说，伊甸园的故事恰恰揭示了教士或神学家的内在困难，这个困难也构成了《圣经》作为一部"教士之经"（Priesterbuch）的出发点。《圣经》中的上帝是"精神"、"高级教士"和"完美状态"的化身。上帝在自己的花园，也就是伊甸园里散步。伊甸园是最完美的状态。但是，最完美的东西往往是最无聊的东西。在这一点上，天堂和伊甸园没有区别。尼采的"最爱"之一马基雅维里，在临死之前跟朋友说过一个故事。他说自己做了一个梦，梦见人死了以后，所有的好人、圣徒和天使都在天堂里，而坏人，也就是历史上几乎所有伟大的英雄、政治家和哲学家等，都被赶到了地狱里。马基雅维里最后说，他毫不犹豫地选择了下地狱，因为天堂里实在太无聊了。这让我们想起了伏尔泰，尼采的另一个"最爱"。伏尔泰在临死之前，有一个神父过来劝他忏悔，说你信仰耶稣基督吧，信仰基督就可以进天堂，不会下地狱了。伏尔泰非常愤怒地冲神父怒吼："请永远不要向我谈到基督！"叔本华在评论但丁的《神曲》时，也表达过类似的意思。他认为，《神曲》的三部曲中，无论是《地狱》还是《炼狱》都写得栩栩如生，非常有生命力，唯独《天堂》写得很苍白。因为天堂没什么可写的，道德上完美无瑕的状态没什么可写的。就连耶稣本人，也都没什么可写的。耶稣的生活乏味之极，跟死了没什么区别。

总之，伊甸园作为一个纯粹完美的道德世界，恰恰是一个非常无聊的世界，就连上帝，也就是教士，都忍受不了。为了摆脱这样一种无聊的状态，上帝便创造了人。人是一个不完美的东西。只有不完美的东西才是有意思的。但是，上帝创造了人之后，问题并没有解决，因为人也觉得非常无聊。而人感到无聊的原因，是他和动物一样无知，不能自由选择。为了摆脱这种状态，上帝又给他创造了一个女人，也就是夏娃。这下坏事来了，因为女人就是蛇，蛇代表了诱惑，而最大的诱惑莫过于知识的诱惑。有知识就有怀疑，所以人便对上帝的道德王国产生疑问。一旦有怀疑和疑问，那么上帝的统治就受到动摇。这样一来，上帝便感到非常恐惧，所以他把人赶出了伊甸园，让人经历许许多多的劳累、疾病、饥饿、死亡等。但即便这样，人还是创造出了灿烂辉煌的文明。最后，上帝无计可施，只好把人毁灭掉。

按照正统的犹太教和基督教解释，人的罪就在于不服从以上帝为代表的最高权威，而希望通过自己的理性去认识善恶，无疑是头等大罪。从《创世记》的叙事来看，人的罪的确是越来越严重。最初，亚当只不过是不听上帝的话，想自己认识善恶真理。接下来就是该隐和亚伯的兄弟相残，这是更大的罪。再后来，从诺亚的时代到亚伯拉罕的时代，一直到摩西的时代，人的罪一次比一次严重，上帝的惩罚也一次比一次严厉。整个《创世记》，其实都是在讲述人类如何从一个罪恶走向另一个更大罪恶的"堕落史"。但是按照尼采的看法，这个所谓的"堕落史"只是一个被教士道德化的历史。

在第49节，尼采站在"科学"的立场，进一步批判了基督教的"罪"的概念。前面提到，罪与罚的概念是犹太教的教士们发明出来的，但在基督教的教士那里得到了史无前例的强化。尼采认为，罪与罚是一种错误和错乱的因果关系，是教士的一种想象和伪造。出于对生命的恐惧和怨恨，他们把生命本身看成是有罪的，是没有意义的，应该受到惩罚。通过这种伪造出来的因果关系，他们试图攫取权力。所以尼采说："教士通过发明罪进行统治。""罪"的对立面就是科学。在尼采的眼里，科学本身是一种健全的理智，是一种"去道德化"的力量，它所认识的恰恰是自然性的因果关系。

当然，我们需要强调一下，尼采这里所说的科学，并不是现代的实证科学。因为现代实证科学虽然标榜"价值中立"，但实际上它恰恰预设了一种最低的价值判断。这种价值判断不仅把所有的价值都看成是平等的，甚至看成是毫无价值、毫无意义的，因为它不会认真地对待任何价值。在这一点上，尼采认为现代实证科学也是基督教的一种变体。尼采心目中的科学是古代（希腊和罗马）的经验科学，尤其是伊壁鸠鲁意义上的科学，它的典范是卢克莱修的《物性论》。卢克莱修是一个罗马人，同时也是一位伊壁鸠鲁学派的哲学家。在《敌基督者》的第58节，尼采提到了伊壁鸠鲁和卢克莱修的名字。他说："罗马帝国每一种可敬的精神都是伊壁鸠鲁学派。"在他看来，伊壁鸠鲁学派的真正敌人并不是原始宗教，而是基督教，因为它所批判和揭露的，正是基督教的"罪、罚和不朽"。反过来说，伊壁鸠鲁学派的哲学家跟尼采一样，肯定了包括人在内的全部自然世界的意义。

第五部分：第50至62节

在上半节课上，我们讲解了《敌基督者》的第四部分。这一部分的要点是，基督教如何通过误解耶稣形成自己的历史。其中，起了决定性作用的就是保罗。在讲到第49节时，我们说到，整个《圣经》实际上是一部道德化的历史，是一个关于罪与罚的叙事。而且在讲犹太教的历史时，我们还说过，这个道德化的叙事是一步一步地形成的。而尼采的解读方法，就是将这种层层累积的历史叙事进行"解构"，一步一步地反推回去，一直追溯到它的开端。

尼采认为，犹太人同上帝的关系最初是一种自然和正确的关系：上帝保护他们，所以他们服从上帝。但是后来他们不断地遭受厄运，上帝也慢慢地发生了变形。在流亡巴比伦的时期，犹太先知将他们的历史和上帝都道德化，在人和上帝之间确立了罪与罚的道德关系。这种"道德化"的逻辑是越来越强化的。他们觉得自己有罪，所以认为应该受到上帝的惩罚，而被外族奴役就是上帝的惩罚；既然如此，那就不应该反抗，而不反抗就会导致更大和更多的厄运；而这种厄运再次证明了自己的罪，再次证明了上帝的惩罚。所以说，犹太人的罪与罚的恶性循环，就是这样一种自我强化的逻辑。这种逻辑在基督教中不仅得到了继承，而且被发扬光大。原因是，在基督教那里，罪与罚的逻辑不再是犹太民族和上帝的关系，而是变成了个人与上帝的关系，甚至最终内化到了个人的内心世界，其结果是，每个基督徒在内心深处，时刻都要经受罪与罚的道德决疑、拷问和挣扎。

尼采在很多地方，比如在《论道德的谱系》里，都指出了基督教的罪与罚逻辑的威力。本来在现实生活中，每个人都有可能遭受这样那样的不幸或厄运。正常人可能觉得，这要么是自己的能力不行，要么是运气不好，最多是哀叹自己命不好。这些都是自然性的解释，也是生活的常态。但是，基督教却把这种不幸或厄运的原因，解释为一种道德上的罪。它认为，你之所以不幸，是因为你不信上帝，因为你有罪；有罪当然就有罚，因此需要忏悔；越忏悔就越觉得有罪，越有罪就越忏悔。这是一个自我强化、不断反复的恶性循环。

通过罪与罚的逻辑，基督教的教士就控制了人的灵魂。这种内心的控制，显然比外在的身体控制要强大得多。我们知道，马基雅维里就多次提到基督教这种控制手段的强大。比如说，中世纪教会和教皇虽然手无寸兵，但在整个基督教世界却是呼风唤雨。在教皇权力鼎盛时期，那些不可一世的世俗君主见到教皇，往往吓得瑟瑟发抖。马基雅维里提到了神圣罗马帝国皇帝亨利的事。亨利跟妻子结婚的原因不被教皇承认，于是同教皇决裂了，最后被教皇开除教籍。他当然不甘心向教皇屈服，但在臣民的压力下，最后还是被迫跪在教皇面前忏悔。他手下有很多精兵强将,但这些一点用都没有,因为他的臣民都听从教皇和教会,他们的灵魂信仰都被后者俘获了。马基雅维里与霍布斯等早期现代政治哲学家为什么要反基督教?就是因为基督教对世俗政治的威胁太大了,它几乎控制了所有人的内心思想,控制了人们的信仰。可想而知,在这种情况下,任何世俗君主和世俗国家都不可能真正地维持统治。不过,现代国家不只是反基督教,同时也借鉴和继承了基督教的控制手段。我们今天经常挂在嘴边的一些名词,比如意识形态宣传、舆论控制、洗脑和颜色革命什么的,其实它们的思想源头都是基督教。

接下来,我们开始讲第50到62节。这是《敌基督者》的第五部分,也是最后一个部分。这一部分一方面是批判基督教的信仰逻辑,另一方面是引出真正的哲学问题,也就是我们前面提到的真理与信仰的关系。

在第50节,尼采指出,基督教的真理标准是"力量的证明"(Beweis der Kraft)。也就是说,基督教确立了这样一种因果联系:信仰能带来力量、快乐或幸福,因此信仰一定是真的。但他认为,这种因果关系是荒谬的。事实上,信仰带来幸福、快乐或力量,只能证明它能带来幸福、快乐或力量,不能证明它是真理。当然,尼采这里不只是为了批评基督教,而是想要表明这样一个事实:对于绝大多数人来说,区分真理和"信以为真"或信仰是多么困难。前面讲到,尼采把这种区分看成是一种"秘传的智慧",并且认为拥有这种智慧的只是极少数的"智者"。事实上,对绝大多数人来讲，真理都是一种信以为真的信念或信仰。人总是愿意相信他所相信的东西，这是人的本能。就好像是，你挖出来的总是你自己埋下去的宝藏。你以为你发现了真理，其实这只不过是你"埋下去"的真理，是你相信的真理，是你的信念，是你的真理。世上的事实那么多，你所选择的都是你愿意选择的，你所相信的都是你愿意相信的。

尼采当然不是要批判什么人性的弱点、缺陷，甚至罪恶。恰恰相反，他认为人本来就是这样的，无所谓善恶。人作为有限的存在，要活着就要有力量，要有力量就要有安全感，要有安全感就要有保护伞。这个保护伞就是信念或信仰。打一个不太恰当的比方，信仰就好像是子宫，把人保护起来，让人觉得有安全感。为什么人总是愿意相信自己相信的东西？因为信仰能给自己带来安全感，从而带来力量。相反，他不相信的东西会给他带来不安全感。就像尼采在《论道德的谱系》里所说的，"人宁可追求虚无，也不能无所追求。"其实，在《悲剧的诞生》和《历史对于生命的用途和滥用》等早期作品中，他已经清楚地表达过这个思想。当然，尼采并不是一概反对信仰。他认为，有的信仰的确促进了生命，让生命变得更有力量；但有的信仰却损害了生命，使得生命变得更加衰弱和颓废。前者如早期希腊人和早期罗马人的信仰，后者的典型是犹太教和基督教。

在第50节的后面，尼采提到了相反类型的人。正因为区分真理和信仰是极为困难的，所以真正热爱真理的人才是极为罕见的。在尼采看来，热爱真理往往意味着，"必须为真理几乎牺牲一切，牺牲我们的心、我们的爱、我们对生命的信任所依赖的东西。"试想，有几个人能做到这一点呢？所以，尼采才反复强调："为真理服务是最艰辛的服务。"真正热爱真理、追求真理的人必须"对精神事物保持诚实"，必须保持"理智的诚实"和自我克制，也就是说，他需要克制把自己的信仰当成真理的冲动。在《敌基督者》的"前言"中，尼采在谈到"命中注定的读者"时，一再强调他必须"对精神事物保持诚实"，必须拥有"理智的诚实"。由此可知，真正能够做到追求真理、保持"价值中立"的人是多么少见。

第51节的主题仍然是信仰，具体地说，是基督教的信仰。在一开始，尼采提到了一种人的类型，叫"宗教人"。"宗教人"不仅完全意识不到真理和信仰（信以为真）的区分，而且"相信"自己的信仰是无所不能的。在基督教之中，宗教人的典型当然非保罗莫属。对他来说，信仰能创造任何奇迹，甚至能够移山。尼采讽刺说："信仰不能移山，相反却可能在根本没有山的地方放置一座山。"

但在尼采看来，基督教的根本问题并不在于它混淆了信仰和真理，而在于它是一种病态的信仰。用尼采的原话说，基督教是"病人发自内心的仇恨，是反对健康人、反对健康的本能"。这种病态本能是一种民主和平等的本能，它的主要症状就是对高贵者的怨恨。尼采的批评究竟是否公正呢？这个问题很难回答，所以还是留给大家自己去思考吧。在这里，我们只是想简单地厘清一下尼采本人的思路。尼采认为,基督教平等观的前提是,所有人都是罪人。这显然是一种否定意义的平等。严格说来,现代的平等,无论是权利的平等,还是人格尊严的平等,其实都是一种否定意义的平等,因此都是基督教的遗产。因为从肯定、积极的意义上讲,人和人之间当然是不平等的,比如总有一些人比另一些人更聪明、更勇敢、更美丽、更健康、更高贵、更优雅,如此等等。但从否定的意义上说,大家在上帝面前都是罪人,所以大家终归都是平等的。不仅如此,更重要的是,越优秀的人甚至越有罪。这样一来,大家心里就更平衡了:你虽然很优秀,但你是罪人;我虽然不行,但我是义人,我离天堂最近。为了说明基督教的平等观,尼采特别引用了保罗的原话:"神也拣选了世上卑贱的,被人厌恶的,以及那无有的。"

顺便说一下,西方当代一些左派以及后现代主义者把尼采看成是自己的先驱。这大概也算得上是一个历史的喜剧了吧。不带偏见地说,尼采跟西方左派其实是格格不入的。左派以及后现代主义者赞美差异和边缘,强调边缘颠覆中心,鼓吹所有的差异性一律平等。但是,这恰恰是尼采所批判的观点。他们看到的是,尼采对所有传统价值都予以颠覆和否定。这一点确实是事实,但不是事实的全部。尼采为什么要否定和颠覆传统价值,尤其是基督教的价值呢?因为他想重新肯定价值秩序,重新确立等级和权威。这是左派与后现代主义所不愿意正视的一点。

在第52节,尼采继续辨析基督教信仰的特征。我们在前面已经指出，信仰的基本特征就是，它既不能也不愿意区分信仰和真理。因为这种区分本身就意味着信仰已经受到怀疑，而怀疑则会导致恐惧和不安。信仰者不愿意去问信仰是不是真的，甚至根本想不到这个问题。所以对信仰来说，怀疑就是一种罪，真理之路其实是一条禁止真理之路。伊甸园的故事已经揭示了这个道理。尼采对教士的心理学分析也说明，教士最害怕的就是怀疑。尼采认为，教士或宗教人的信仰是一种撒谎的本能。对于教士或宗教人来说，撒谎已经成为他的一种天性，他甚至"不由自主地撒谎"，因为他既不能也不愿意面对事实，面对真理，尤其不能面对这样一个"致命的真理"：他所信仰的"真理"，仅仅是他所"信仰"的真理，因此仅仅是他的信仰。

在这一节，尼采还特别提到了语文学。什么是语文学？语文学的基本原则就是事实和解释的区分。从哲学上说，这个原则相当于真理与信仰的区分。我们知道，尼采本人既是一个哲学家，也是一个学养深厚的古典语文学家。他认为，语文学的主要任务就是把事实与对事实的解释区分开来。他借用了古代怀疑论者的"搁置判断"（$ephexis$），来表示语文学的精神。就这一点来讲，语文学是神学的天敌。对神学来说，没有任何事实，只有解释。神学家或教士把自己的解释当成事实，但却浑然不自知。他们的解释，本身就是一种偏执和根深蒂固的信仰。所以，基督教神学家对犹太教的《圣经》进行了非常大胆的解释。尼采在《曙光》里也说到，基督教神学家对《圣经》的解释，足以让所有的语文学家发疯。因为他们是按自己的信仰随意歪曲《旧约》，也就是犹太教的《圣经》。他们认为，《旧约》中的每一句话，甚至每一个字，都隐含了神秘的"微言大义"，都是对耶稣作为基督的隐喻、启示和预言；任何事物，不管是一个人，一匹马，一棵树，还是山川河流，都是一种"神圣的预见"。他们改写了《旧约》和犹太教的历史，使其成为基督教的一个"史前史"。在尼采看来，他们显然是混淆了事实与解释，或者说真理与信仰。因此，真正的爱真理者或哲学家，必须具备语文学的基本精神，清醒地意识到事实与解释或真理与信仰的区分。

不过，尼采并不认为语文学能够取代哲学。语文学家也有一个幻觉，总是相信我们可以完全抛开解释，最终发现真正、纯粹和客观的事实。实际上，这本身就是他的一种信念或信仰，只不过他没有认识到这一点而已。因此，语文学也缺乏一种"自我认识"。说起来，这种"自我认识"无非就是前面提到的"秘传的智慧"，也就是尼采所理解的哲学。对于哲学来说，既无所谓事实，也无所谓解释；事实就是解释，解释就是事实；一切事实都是解释，这就是唯一的"事实"。不过，对于绝大多数人来讲，这恰恰是一个"致命的事实"，一个"致命的真理"。他们本能地抗拒、回避和无视这个"事实"或"真理"，因为这会给他们带来致命的不安全感和焦虑感。尼采为什么认为"为真理服务是最艰辛的服务"？答案就在于此。但是，对于极少热爱真理的人来说，真理却是一种最高的享受。用尼采自己的话说，这些爱真理者，这些精神上的最强者，"在别人只能看到毁灭的地方，在迷宫中，在对自己和他人的艰苦磨难中，在尝试中，找到了自己的幸福。"在尼采那里，哲学天然地跟反讽或自嘲联系在一起，代表了一种轻松活泼的喜剧精神。哲学与一切"沉重的精神"都毫不相干。如果说你一定要献身于哲学，或者献身于真理，这只能表明你实际上是献身于神学，因为你在追求一种信仰。

第53节的主题是"殉道"。尼采在这一节仍然在讨论信仰的逻辑。什么叫"殉道"？殉道是一种极端的信仰，是愿意为自己的信仰牺牲生命。殉道者的基本逻辑是：我愿意为我的信仰牺牲生命，这难道不能证明我的信仰、证明我相信的东西是真的吗？在尼采看来，这就是基督教信仰的内在逻辑，也是它取得成功的原因。基督教最初在罗马传播的时候，受到了残酷的镇压和迫害，很多基督徒被杀死了，被火烧死了，甚至被钉在十字架上了。那么，基督徒为什么这样做呢？因为他们觉得，被迫害甚至死亡恰恰证明了自己信仰的真理，恰恰证明他所相信的东西、他为之献身的事业是真的，是正义的。殉道者的逻辑就是坚信，真理要用鲜血和生命来践履和见证。殉道者不怕受迫害，他最害怕的是没有迫害。如果没有迫害，他就无法证明自己的真理。所以尼采说，"殉道者的死亡是历史的巨大不幸，因为他们误入歧途。"但是，基督教竟然因此获得了成功。这也算是一个世界历史意义的反讽了。罗马人越是迫害基督教，基督教就越能够获得道德的正当性和神圣性，所以也就传播得越广，以至于最后甚至征服了它的迫害者，征服了整个罗马帝国。

马基雅维里也多次提到，基督教的信仰是一种软弱的强大，是弱者征服强者的成功典范。基督徒一开始被罗马统治者迫害，却毫不反抗，最后的结果恰恰是，罗马人真的觉得自己有罪，于是他们不但停止了迫害，反而皈依了基督教的信仰。这就好比说，有人打你的左脸，按照正常人的心理，你一定很愤怒，一定要回击；即使现在你不能回击，以后也要找机会回击。这就是俗话说的："君子报仇，十年不晚。"但是，基督教的殉道者不一样。你打他的左脸，他把右脸也伸过来给你打；如果你还没打够，他再把左脸伸过来让你打，一直让你打。他不仅打不还手，而且对你没有表现出任何恨意，甚至非常怜悯你。就这样一直让你打，直到最后，你再也打不下去了。只要你打不下去，他就赢了，而你就彻底输了。于是，你就开始反省自己的"罪"：这么一个无辜的人被我折磨，看来我真的是有罪，我真的是一个罪人。这样一来，你就被他和他的信仰征服了。这就是基督教征服罗马的过程。从策略上讲，基督教征服罗马确实是一个了不起的奇迹，堪称是人类历史上最成功的革命。即便是我们今天所处的现代世界，在很大程度上也是这场革命的结果。所以，尼采感慨地说，罗马人最大的愚蠢和教训就是，他们的迫害给被迫害者、给基督教，增添了某种神圣的道德光环，使人们想当然地认为，被迫害者所从事的事业是伟大、光荣、正确的真理。

但是，尼采再三强调，殉道同真理其实是毫不相干的。

你为信仰而牺牲或殉道，这并不能证明你信仰的东西是真理。恰恰相反，这只能证明你"对真理问题的麻木"，只能证明你缺乏"理智的诚实"。譬如说，你相信人死了可以复活，甚至为捍卫这个信仰而死，但这也不能证明你的信仰就是正确的，就是真理。此外，尼采还指出，殉道者用殉道见证信仰的真理，这实际上是把真理当成了某种私有财产，就好像真理是"假如一个人拥有，那么另一个人就没有"。他批评说，路德就是这么看待真理的。这里，他再次强调，对真理的爱、对真理的追求，恰恰需要某种"精神纪律和自我克制"，也就是说，需要克制自己的信仰冲动。而这种自我克制，恰恰是"一切先知、宗派分子、自由主义者、社会主义者、教会人士"所缺乏的。所以，在这一节的最后，尼采引用了《查拉图斯特拉如是说》中的话做总结："鲜血是证明真理的最糟糕的证据；鲜血毒害了最纯洁的学说，把它变成心灵的疯狂和仇恨。"

在第54节，尼采谈到了信仰者的对立面，也就是怀疑者。查拉图斯特拉就是一位怀疑者。怀疑者不是没有信念，也不是不需要信念，但他能够超脱信念，能够成为信念的主宰，能够拥有不受信念左右的自由。所以，他才能成为真理的热爱者，才是一个真正的强者和自由人。相反，一切信仰者都是依附者和懦弱者，他必然要依附于某种信念。就像尼采说的，"对坚持信念的人而言，信念就是他们的支柱。"由于内心的孱弱，由于缺乏面对真理的良知和诚实，信仰者极容易变成狂热分子，比如萨沃那洛拉、路德、卢梭、罗伯斯庇尔、圣西门等。他们在骨子里都流着基督教信仰的血液，都是狂热的信仰者，但是他们却对现代的大众产生了很大影响。原因很简单：狂热分子的信念或信仰富有感染力，富有诗情画意。就像我们在前面提到的，尼采认为，大多数人关心的不是真理，而是真理是否具有诗情画意的效果。

在第55节，尼采讨论了信念、谎言和真理的关系。他首先提出一个问题："信念是否是比谎言更危险的真理之敌？"从尼采的哲学思考经历来看，这的确是他很长时间以来一直思考的问题。这里，我推荐大家阅读尼采早年的一篇文章，叫《真理和谎言之非道德论》，是在《悲剧的诞生》之后不久写的。这篇文章已经开始思考信念、谎言和真理的关系问题。简单地说，尼采要问的是：信念和谎言到底哪一个离真理更近？在尼采看来，谎言其实比信念离真理更近，因为信念在根本上是一种自我遗忘的谎言，是不知道自己是谎言的谎言。借用前面提到的那个比喻，你在一个地方埋下了宝藏，但是后来你忘了这回事；有一天你无意之中又挖出了宝藏，欣喜若狂，认为这是自己的重大发现。信念就是这样。信念就是挖出自己当初埋下去的宝藏，却浑然不自知。"在父亲那里还是谎言的东西，在儿子那儿变成了信念"，同时也变成了真理。什么是信念？信念就是不知道自己是谎言的谎言，就是不知道自己是信念的信念。信念的特点是完全缺乏"自我认识"，因此是哲学和真理的对立面。

从本质上说，一切信念本身就是谎言，但是一旦披上神圣的外衣之后，就变成了神和真理。尼采指出，各个民族在早期都有一些所谓"神的代言人"。他们就是教士。借用康德的说法,教士的目的就是"给知识划界,并给信念留地盘"。——只有给知识或理性划界,教士才能利用信念,才能垄断通向真理、神或启示的权利。尼采在这一节的最后提到,各个民族的原始经书、律法和法典,都披上了一层神圣的外衣,都执着地相信自己来自于神圣的启示,因此都宣称自己是真理。但在尼采看来,它们其实都是一种"神圣的谎言"。问题的关键是,这些"神圣的谎言"究竟是肯定生命,还是否定和戕害生命。这就是接下来的两节要讨论的问题。

在第56节和第57节中,尼采高度肯定和赞美了古代印度教的经书《摩奴法典》,并且以它为参照再次对基督教进行了批判。大家应该还记得,我们前面谈到了尼采对佛教和基督教的比较。他虽然认为佛教的智慧远远高于基督教,但他仍然将佛教理解为一种"颓废"的宗教。他觉得,佛教在根本上仍然是对尘世的否定。在这个地方,尼采为了批判基督教,选择了一个新的参照系,也就是印度教。佛教和印度教的关系,有点类似于基督教和犹太教:佛教一方面来源于印度教,另一方面也是对后者的否定。不过,相比对基督教和佛教的态度,尼采对印度教及其经书《摩奴法典》却是高度的肯定。《摩奴法典》也是一个"神圣的谎言",但是,与《圣经》不同的是,《摩奴法典》是对生命本身的肯定和赞美。用尼采的原话说,《摩奴法典》是"无所不在的高贵价值,一种完美的感觉,一种对生命的肯定,一种对自己和生命的凯旋般的快乐感——阳光普照了全部经卷"。譬如说,在《摩奴法典》中，女人、生育、婚姻都是非常美好和神圣的。那些"白胡子的长者和圣人"以慈祥的眼光看待这个世界，对这些凡间俗事充满了"敬畏、爱和信任"。但在保罗的《罗马书》中，情况却完全不同。在这里，尼采特地引用了保罗的一段原话："但要免淫乱的事，男人当各有自己的妻子，女人也当各有自己的丈夫……与其欲火攻心，倒不如嫁娶为妙。"尼采的意思当然很清楚。男女之间的性本来是很自然的，很美好的，但在保罗的眼里，却变成了"淫乱的事"，而婚姻的目的也仅仅是防止"欲火攻心"。

接下来是第57节，我认为这是《敌基督者》中最重要的一节。这一节是尼采哲学的高度浓缩，是他一生哲学思考的总结。尼采首先指出，《摩奴法典》是古代"法典"或"经书"的典范，它包含了一种深刻的洞见，也就是说，一切法典与经书都是从漫长的历史长河中缓慢地形成的，但是一旦形成之后，它们就拥有绝对、不可置疑和无条件的真理、神圣性与权威。一个民族在最初的时候，总是处在一种变化无常的世界，并且面对这个世界，因此不断地创造和试验各种生活方式，不断地总结各种生活经验和道德规则。但是尼采说，到了历史的某个阶段，这个民族往往会出现极少数的圣贤。他们开始制礼作乐，创立法典，并且由此一劳永逸地终止了一切创造和试验，甚至终止了一切时间、历史和变化。历史在法典里终结了！法典就是一切：它是终极的结论；它是唯一的真理；它告诉我们应该做什么、不应该做什么；它是一个直言式的（imperativisch）、无条件的、绝对的

"你应该"（du sollst）；它禁止人问为什么；它让人遗忘了谎言、信念和真理的分界线。

尼采认为，各个民族的圣贤之所以能够制定这样的法典，是因为他们能够区分两个东西，一个是真理，另一个是关于真理的权威或信仰。也就是说，他们认识到这一点："为一种缓慢地赢得并付出昂贵代价的真理树立权威的手段，在根本上与用来证明这一真理的手段完全不同。"这样看来，无论是摩西律法、巴比伦的《汉谟拉比法典》、罗马的《十二铜表法》，还是刚才提到的《摩奴法典》，都是神圣的法典。为了保证法典的神圣性，圣贤给法典立了两道保护墙，第一道保护墙是"启示"，也就是说，这个法不是人立的，而是神立的。几乎所有古代文明的法典或礼法，都包含这样一个前提。譬如说，在柏拉图《法篇》的一开始，雅典外邦人就问克里特人，"你们的法是神立的，还是人立的？"言下之意是，如果法是人立的，那人为什么不可以废掉它呢？不理解这个问题的重要性，就不可能理解柏拉图政治哲学的根本意图。

尼采认为，除了神的启示之外，法典还有第二道保护墙——祖先。法的神圣性不仅来自于神启，而且还依靠祖先和传统的权威。法的历史越悠久，就越具有权威，越具有神圣性。这两道保护墙当然不是分开的，而是共同发挥着保护法典的功能，让人不可能怀疑和否定它的权威，甚至不可能让人产生怀疑的念头。所以尼采总结说："神制定法，祖先以法为生。"实际上，这也是人类社会一切政治统治的关键所在。举一个大家很熟悉的例子。我们成天鼓吹"法治",反对"人治"。但是,我们对待法的态度,却完全违背了"法治"精神,是一种典型的"人治"。试想一下,如果今天立一个法,明天几个法学家联名上书抗议,后天就又废除了这个法,那么,法的权威和神圣性又在哪里呢?其实,法治精神的关键是,不要轻易制定法律,更不要轻易废除法律。

严格来说,所有的古代法典都是这样的。不过,尼采显然最欣赏《摩奴法典》。因为《摩奴法典》不仅建立了一套等级制度,而且使它看起来是一种自然秩序和自然法则,不会被某种所谓的"现代观念"任意改变。这是《摩奴法典》最成功的地方。当然,我们今天都知道,实际的印度教种姓制度并不是这样的。它其实是一种非常黑暗、非常压抑人性的政治和宗教制度。尤其是在今天,这种陈腐的种姓意识,已经成了阻碍印度社会进步的一个巨大毒瘤。所以说,尼采在这里所讲的种姓制度,显然是一种美化。我们先且不管这些,而是澄清尼采的思路。按照他的看法,《摩奴法典》设定了三个不同的等级。第一个等级是婆罗门,第二个等级是战士,第三个等级是平民。

在这三个等级中,尼采显然最看重的是第一个等级,也就是婆罗门。在他的心目中,婆罗门是最优秀的一个等级,"它代表幸福,代表美,代表地上所有的善。"他们就是极少数热爱真理的人,是真正地做到了"价值中立"的人。在婆罗门的眼里,"世界是完美的。"这不是说婆罗门是道德主义者,恰恰相反,他是以一种彻底的"非道德化"或"超善恶"的眼光看待世界，也就是说，他以真实的眼光看待这个变化无常、有生有灭的世界。但正是由于这个原因，他才真正地肯定了这个世界的一切，甚至肯定了变化本身。在婆罗门的世界之中，既没有丑，也没有恶，一切都得到了肯定和赞美。

尼采对婆罗门的描述，让我们想到了《查拉图斯特拉如是说》开篇时对太阳的赞美。太阳因为自己的光太满，所以必然会照耀整个世界。和太阳相似，婆罗门也是一种最大和最高的肯定精神。他不仅肯定了自己，而且肯定了所有其他人，甚至最终肯定了整个世界。无论是第二等级的战士，还是第三等级的平民，都因为他获得了肯定。他之所以统治，不是因为他过于匮乏，而是因为他过于充盈，就像杯中酒满之后自行溢出。他不需要征服和改造世界，不需要把自己的信仰和价值强加给世界，因为他就是世界，世界就是他。对他来说，真理变成了享受，自我克制和纪律变成了快乐，苦行成了一种自然需要。这里，我们要提一下阿里斯托芬。在《超善恶》中，尼采在批判苏格拉底和柏拉图之余，不忘记称赞阿里斯托芬，说他代表了一种神圣的"美化"（Verklärung）精神，让一切存在都因为他而变得优美。这样说来，婆罗门无疑也是一种"美化"精神。

在第58至60节，尼采具体叙述了基督教如何征服罗马帝国。具体的原因和经过，前面已经说了很多，这里我就不跟大家多讲了。我简单地总结一下尼采的要点和思路。罗马帝国就像一座辉煌的大厦，地基和骨架都已经建好，就等待着最后的竣工。但是，基督教就像蛀虫一样，把罗马帝国的骨架全部蛀空。它的策略就是前面提到的自下而上的信仰革命：它通过信仰首先迎合罗马帝国的下层民众，然后慢慢地吸引上层精英，最后征服统治者；这样，基督教就成功地败坏了罗马帝国的精英阶层，随之也摧毁了它的骨架，最后摧毁了整座大厦。罗马帝国的大厦毁灭了之后，就再也没有能够重建，古代文明的巅峰也就再也不可恢复了。后来，基督教又摧毁了摩尔人在西班牙创造的伊斯兰文化。尼采对摩尔人创造的这个文化评价也非常高，甚至认为，"比起罗马和希腊，令人惊叹的西班牙摩尔人文化在根本上离我们更近，更能吸引我们的感官和趣味。"基督教之所以要摧毁摩尔人的文化，是因为后者更符合人性，更高贵。

第61节是尼采对文艺复兴的讴歌和赞美。在他看来，文艺复兴恰恰意味着对基督教的否定，同时也是对古代的肯定。比较有意思的是，尼采竟然把恺撒·博几亚看成是文艺复兴的精神典范。我们在前面好几次提到，恺撒·博几亚是一个反复无常、背信弃义的野心家。他不仅是罗马的中心人物，而且把包括罗马教会在内的整个意大利世界玩弄于股掌之中。而尼采却认为，恺撒·博几亚恰恰代表了对基督教道德的否定，对权力、欲望、野心的赞美，以及对人性本身的肯定。这才是文艺复兴和罗马帝国的共同精神。

但是，文艺复兴最后还是被基督教摧毁了，准确地说，是被德国人、被路德毁灭了。路德跑到罗马去批判教会，试图发动宗教改革。但尼采却认为，路德所批判的恰恰是罗马教会之中唯一值得肯定的东西，也就是教会中开始出现的世俗人性萌芽。我们都知道一个历史事实：罗马教会后来成了文艺复兴的推动者。很多教皇和教会人士都是古代文学和艺术的爱好者和资助者。这本来是最符合文艺复兴的人性精神。但是，路德所反对的恰恰是人性。路德发起的宗教改革，使基督教返回到所谓的原始福音精神，也就是说，返回到因信称义、复仇和末日审判。由于路德的宗教改革，文艺复兴被完全否定了。再后来，卢梭和康德在路德的影响下，将启蒙运动偷梁换柱，以一种道德形而上学的形式继承了基督教的道德。

第62节是尼采对基督教的最后指控。这些指控没有什么实质的意义，不过是喊喊口号。倒是有一点值得注意。尼采在附在最后的《反基督教法令》中说，真正的时间纪年和历史开端，应该从他写完《敌基督者》的这一天开始算起。他把这一天称为"拯救之日，第一年的第一天"，也就是"错误纪年的1888年9月30日"。作为一个"敌基督者"，尼采的这种纪年不知道是对基督教的模仿，还是对它的反讽和戏拟。

现在，我们讲完了《敌基督者》的全部正文。简单地总结一下。《敌基督者》看起来像是一部宗教史著作，它是关于基督教的历史与本质的研究。尼采首先叙述了从犹太教到基督教的历史演变过程，然后揭示了基督教的本质，最后探讨了它如何自下而上地征服了罗马帝国，并且一直影响到现代。但严格来讲,《敌基督者》其实是一本很深刻的哲学著作,它所关心的是一个永恒的哲学问题:真理与信仰的关系。这一点,我相信大家也已经有所体会。

最后,我想补充强调两点。首先,尼采的哲学博大精深,我是挂一漏万。再次声明一下,我既不是,也没有资格成为尼采的代言人,更不是他"命中注定的读者"。由于知识面和理解力的局限,我的讲解肯定遗漏了很多更精彩和更深刻的地方,有些理解和讲法很可能是错误的。所有这些,希望能够得到大家的理解、批评和指正。其次,我建议大家在读尼采的书时,尽量"价值中立"一点,不要受他的修辞和情绪的过多影响,也不要太计较他的价值立场。哪怕你不喜欢他的价值立场,你也可以尝试理解一下他的基本问题和思路。或许,你会觉得他的思想很有意思。当然,一切终归要看个人的喜好。我个人觉得,就读书来说,有没有意思是第一位的,真假对错要摆在第二位,甚至无所谓真假对错。再正确的书,再神圣的书,如果觉得没意思,我是没有兴趣阅读的。看来,我好像是更喜欢真理的诗情画意效果,而不是真理。我不喜欢读正确的书,只喜欢读有意思的书,比如说尼采的《敌基督者》。好的,我的讲课全部结束了。谢谢大家!

建议阅读书目

1.《尼采与基督教思想》,刘小枫编,吴增定、李猛、田立年译,香港:汉语基督教文化研究所,2001年。

2. 尼采,《查拉图斯特拉如是说》,孙周兴译,上海人民出版社,2009年。

3. 尼采,《论道德的谱系》,谢地坤译,漓江出版社,2000年。

4.《尼采在西方——解读尼采》,刘小枫、倪为国选编,上海三联书店,2002年。

5. F. Nietzsche, *Der Antichrist*, in *Kritische Studienausgabe*(KSA)6, Herausgegeben von Giorgio Colli und Mazzino Moninari, Dündruck Ausgabe, Deutscher Taschenbuch Verlag GmbH&Co. KG, München: Walter de Gruyter, 1988.

6. Andreas Urs Sommer, *Friedrich, Nietzsches "Der Antichrist": ein philosophisch-historischer Kommentar*, Basel: Schwabe, 2000.

7. Julius Wellhausen, *Prolegomena to the History of Ancientl Israel: with a Reprint of the Article Israel from The Encyclopaedia Britannica*, Wipf and Stock Publishers, 2003.

译后记

2000年5月,应刘小枫老师之约,我和李猛一起合作翻译了尼采的《敌基督者》。我们当时的分工是:我负责翻译《敌基督者》的前言、正文第1至49节以及结尾所附的《反基督教法令》,李猛负责翻译正文第50至62节。在完成各自的翻译之后,我们还相互校对了对方的译文。完稿之后,译文被收入《尼采与基督教思想》一书。该书于2001年作为"历代基督教思想学术文库"之一,由香港道风书社出版。

当初我们在翻译这篇文字时,对尼采的理解尚有相当局限,因此译文有不少错误和不准确之处。我们后来一直想找机会予以补救和更正。2007年夏,我第一次对译文做了完整的校对和修订。2009年春,我专门开设了一门研究生的课程,利用一学期的时间逐字逐句地讲完了《敌基督者》一书,并且再次将译文仔细、完整地校对了一遍。由于译文是由我本人最后负责校对和修改,因此其中所有可能的错误都应该由我一个人承担责任。

2011年夏,我很荣幸地参加了由中国文化论坛、北京大学和中山大学共同主办的"第五届通识教育核心课程讲习班",并且受组委会的邀请为学员讲解尼采的《敌基督者》

一书。利用这个机会，我又将译文完整地校对了一遍。2012年8月，我的讲稿和译文一道作为"经典通识讲稿"系列丛书之一（《〈敌基督者〉讲稿》）由三联书店出版。

限于学术能力，我的译文和讲解一定有种种错误和不足，敬请各位读者和专家批评指正。

最后，我非常感谢刘小枫、甘阳、冯金红和舒炜等师友对我的种种帮助！

吴增定

2017年6月